不遗憾
你离开

张幼仪传

夏墨◎著

中国出版集团　现代出版社

图书在版编目（CIP）数据

不遗憾 你离开：张幼仪传 / 夏墨著. -- 北京：
现代出版社，2017.12
ISBN 978-7-5143-6507-8

Ⅰ．①不… Ⅱ．①夏… Ⅲ．①张幼仪（1900-1988）
一传记 Ⅳ．①K828.5

中国版本图书馆CIP数据核字（2017）第243458号

不遗憾 你离开：张幼仪传

作　　者	夏　墨著
责任编辑	崔晓燕
出版发行	现代出版社
地　　址	北京市安定门外安华里504号
邮政编码	100011
电　　话	010-64267325　010-64245264（兼传真）
网　　址	www.1980xd.com
电子信箱	xiandai@vip.sina.com
印　　刷	三河市天润建兴印务有限公司
开　　本	880×1230　1 / 32
印　　张	6.5
版　　次	2017年12月第1版　2017年12月第1次印刷
书　　号	ISBN 978-7-5143-6507-8
定　　价	32.80元

不遗憾 你离开

——张幼仪传

目　录
CONTENTS

序 言

　　在这个热衷怀旧的年代里，许多尘封于时光里的故事被挖掘出来，以各种形式扑面而来。当我们以一颗柔软的心，梦回那风云际会的民国时代之时，历史褪去了它残酷的一面，向我们展示着才子佳人的绯色往事。卓越的才华润泽了他们的灵魂，浪漫的爱托起他们华丽的传奇，而不经意间你会读到一个女人——张幼仪。她总是作为一个配角出现在一代才子徐志摩风花雪月的故事中。离婚、被弃、悲哀……成了她的标签。

　　可是，你看到了故事的开头，却不知道故事的结尾。她从未作为传奇的主角出现，却以坚韧的内心，在经历失败的情感后华丽转身，赢得了一生精彩。

　　张幼仪生于历史的拐角，1900年，正是新旧世纪的交替之际。而这个独特的历史时刻也给她的生命深深地烙刻着传统女性和现代女性的印记。

　　当张幼仪成长为一个知书达理、温柔如水的少女时，便接受了父母之命、媒妁之言，嫁给了一代才子徐志摩。可她虽是他的第一位妻子，却未能得到丈夫的怜爱，反而被他视为爱的羁绊。面对冷漠的丈夫，她始终恪守本分、孝顺公婆，日复一日地维系着这一场没有爱的婚姻。而这样的婚姻，也注定了她悲哀的结局。

失败的感情，让她跌落到人生的谷底。可伤痛并没有让她绝望，反而给她深刻的教益。这个坚强的女人，最终在痛苦的深渊里重生，以善良温暖之心面对生活。她努力地抚养年幼的儿子，孝顺徐志摩的父母。甚至当徐志摩如火如荼地演绎自己浪漫的爱情人生时，她却咽下委屈，始终缄默。曾经痛苦的生活，历练了她坚韧的性格。品过半生哀凉，她认真涂写自己人生的色彩，远赴德国柏林深造德语，并入裴斯塔洛齐学院攻读幼儿教育。苦难和知识重塑了她的灵魂。徐志摩再见张幼仪时，她已是全新模样，他眼中的惊讶和叹服是最好的掌声。

归国后，张幼仪进入东吴大学教德语，还出任过上海女子商业银行副总裁，又在上海繁华之处开了服装公司。这也是中国第一家新式服装公司，她设计的服装更是在上海滩风靡一时。她在跌宕起伏的命运中完成了人生华丽的转身，无疑，她是成功的。虽说世间名利成就都是虚像，可纵使褪去浮华，她的灵魂仍高唱着自信和坚强的凯歌。

在徐志摩不幸遇难后，张幼仪作为前妻，无怨无悔地为他善后，养育他们的孩子，照顾他的父母，整理出版他的书籍。她在一个时代的沉浮中，将一个豁达大气的女人演绎到了极致。而这样的女人，值得被爱，值得幸福。多年后，她遇到了一个温暖的爱人，相濡以沫走向人生美丽的黄昏。

　　一生波折路，她品尝过人生辛酸，也看透了生活的真相，却始终热爱生活。她的美好与坚韧，像高悬的太阳，隔着一个世纪的时光，时至今日仍能给我们以温暖的人生教益。

第一章

乱世·童年·裙裾飞扬

桃木匣里的画卷

　　岁月是无情的，从不因人们的不舍而放慢脚步，也从不因人们的惋惜而回头。无人知晓岁月的长河流经过多少城镇，淹没过多少村庄，将多少如花的容颜变成皱纹遍布的核桃表面，也无人知晓那河流吞噬过多少令人心酸的往事和令人伤怀的爱情。

　　人们常说，时间是治疗心伤最好的药，当年华已逝，经历过无数分分合合起起落落，看过无数沧海桑田的变幻，心中的伤痕自然也就淡了，当初的那些痛楚也就淡了，曾有过的那些感情也就淡了。有些人的心，也从柔软变得坚硬，在逝去的时间和流转的年华中，越来越淡定。但是有些事，却是无论如何都忘不掉的，有些自小被注入的思想，也是难以忽略的。

　　1900 年，宝山县的一个小村庄里，一户张姓人家迎来了家中的第二个女儿——张嘉玢，小名幼仪。

在起名字的时候，父亲为张幼仪选了字意为"玉"的"玢"字，就是希望她能够拥有玢玉一般晶莹剔透的美德。而"幼仪"这个名字，则是希望她能够成为一个善良正直、端庄得体的女子。后来，父亲在旅行的时候为她挑选了一块玢玉别针。可见，父亲并不是不爱张幼仪，只是这份爱相比于纯粹的喜爱，多了一些期望和压力，也多了一些苛刻。这些苛刻在张幼仪幼小的心灵中种下了一颗种子，以至于她在之后的人生道路中，时刻谨记着这样的期望，让自己走得格外艰难。

张家的男主人是镇上的医生，不但医术高明，医德也非常好，全镇的人都非常尊重他。被他医治好的病人为了表示感激之情，时常会送他一些东西，其中有宰好的鸡鸭、新鲜的蔬菜、鸡蛋等。而在所有礼物当中，他最为珍视的是那些散发着淡淡墨香的国画。无论是栩栩如生的人物、清新淡雅的山水，还是活灵活现的动物，他都非常喜欢。

被他治愈的病人知道他喜欢国画后，送来的画卷就越来越多，最后竟装满了他卧室中那高高的桃木柜。闲时，他时常会从那一匣画卷中取出一二，小心平整地铺在专门用来赏画的矮桌上，然后站在一旁，沉醉地欣赏着。

这样一位受到人们尊重喜爱，又深爱国画的医生，在生活中却并不是一个容易相处的人。他的温柔和沉静只在那些绢纸和水墨面前才会流露出来，其余的大多数时间里，他都是一个脾气暴躁的人。在家中，无论妻子、用人或是子女，对他都有一份畏惧之心。

张幼仪的祖父曾在朝为官，为他们留下了一栋大宅子，祖父去世后，祖母、两位伯父及家人，还有幼仪一家同住在大宅子里，却只有幼仪一家有单独的厨房、厨师和伙夫。在张家，父亲是一家之主，家中所有事情都只有他一人可以拿主意，这其中也包括日常的饮食。张家每天的饮食都由父亲一人决定，他会从厨师们采购回的菜中选出自己要吃的，然后命令厨师去做出精致的食物，也会突然决定要吃某种菜肴，然后命人出去购买。不忙的时候，他会亲自去厨房监督厨师做菜，忙碌的时候就让妻子去，无论其他人如何看待妻子，是善意的玩笑或是嘲笑，妻子唯一能做的只有顺从。

用人们因为他对饮食的极度挑剔而不得不在他面前小心翼翼，而孩子们平日里也难以和他亲近，没有他的召唤，孩子们不会主动出现在他面前。他也很少将孩子们唤到自己面前，过问他们的生活或和他们闲谈。只有一个时间是例外的，这例外便是为他那些宝贝画卷清理灰尘的时候。

为画卷清灰的事情一直是由张幼仪和她的八弟去做，或许因为她最懂礼数，最小心谨慎，能够懂他心意，而八弟又最为像他的缘故。当两个孩子拿着小鸡毛掸子，轻轻地扫过画卷的表面时，他会流露出少有的耐心和平和，为他们讲述那些名画背后的故事和传说。

只有这一刻，张幼仪才能听到父亲那饱含着感情色彩的声音。他向她讲述着画中人物的故事，或者与画有关的传说。此时的父亲更像一位真正的父亲，不再是那个冰冷难以接近的父亲。

父亲满意于张幼仪的懂礼数，她不会擅自出现在他面前，也不会擅自从他面前离开；她不会轻易在他面前说出只言片语，只会在他询问的时候做出妥当的应答；起初她会用敬语询问他是否需要添茶，后来她甚至能在他开口之前做好他期望的事情。

父亲只是感到满意，或许他将这些表现视为理所应当，而没有对这些表现有过多想法。在当时的环境里，人们只认为女子理应如此，却没有人会意识到对于一个小女孩儿而言，过于懂礼数反而遏制了她的天性。

张幼仪见过父亲大发雷霆的样子，怒吼声回荡在房间里，震得人脑袋嗡嗡地响，被摔到墙角的茶杯碎成一地的碎片，好像经历了一场浩劫。也因为如此，她更加明白谨慎顺从的重要。没有如今的孩子身上释放的无尽活力，没有叽叽喳喳小鸟般围在父母身边说个不停，没有因为无法满足自己需要爆发的哭闹，她一直那么安静，那么顺从，那么懂礼数。

对当时的家庭而言，女孩儿终究要嫁人，就算对她尽心养育，也无非是替别人家教出一位贤妻良母，然后为夫家操劳一生。男孩儿则不同，不但不会离开家族，还会娶妻生子，为家族开枝散叶，传承香火。所以，在那时，若是生了男孩儿，全家人都会欢天喜地地庆祝，甚至连孩子的脐带都会被小心收进一个坛子，然后放在母亲的床下。而若是生了女孩儿，家中便没有那么重视了。每当有人问张家母亲家中几个孩子的时候，母亲只会说自己家中有八个孩子，仿佛张幼仪和她的三个姐妹不曾存在。

对于当时的女孩儿而言，最重要的教育就是礼数方面的教育。女子可以没有学问，却不能不懂礼数。许多女子自小就被注入了一种男尊女卑的思想：在中国，女人家是一文不值的。几乎和所有出生在那个年代的女孩子一样，张幼仪自从懂事起，便被家中的人教了许多"礼数",如"身体发肤,受之父母",无论何时都要"尊敬长上,循规蹈矩",无论做什么事都要在得到父母的许可之后才可以做……张幼仪就在这样一条条规矩中成长起来,这些规矩礼教像一根根带刺的荆条,一直束缚着她日后的人生。

太阳里的姐妹

张幼仪从小就很健康,相比于晚她十一个月出生的七弟,她更像一个男孩子。有人说,她出生时带走了她母亲血液中所有的男子气概,所以她的七弟才会柔弱得像个女孩子。

出生于动荡年代的张幼仪,骨子里有着对传统的遵循,也有着对新生的渴望。她曾说:"我有两副面孔,一副听从旧言论,一副聆听新言论;我有一部分停留在东方,另一部分眺望着西方;我具备女性的内在气质,也拥有男性的气概。"

张幼仪出生那一年,一群义和团员因围攻了在清朝京都的西方使节而遭到屠杀,那时的她只是襁褓中的婴儿,并未真正经历这一动乱,而她的二哥认为,她应该有所感觉,只是无法表达。幼仪的二哥张嘉森自小聪明过人,脑子里总是有些在常人看来不可思议的想法,幼仪非常喜欢这位与众不同的二哥,因为她可以从他那里听说许多别人不会讲给她听的事情。一些她一直无法明白的事情，只要经二哥一解释，她便很容易明白了。

当四哥张嘉璈提醒幼仪要时刻注意行为举止，以免给人留下不好的印象时，二哥张嘉森却告诉幼仪，无论外在的行为如何，都要尊重自己内在的感受。张嘉森认为，中国当时一些守旧的思想是许多悲剧产生的根本原因，义和团的那次失败也是因此而生。二哥的这些言论无形之中在幼仪的心中播下了种子，一种渴望自由和新生的念头从她的心里萌生。虽然只有那么一道影子，却在日后渐渐变深了。

小孩子喜欢听故事，因为故事中的情节总是那样动人，有的温馨，有的曲折，有的神秘，有的感人。故事中，有些是实在发生过的事件，有些是人们想象出来的传说，可对于单纯的孩子而言，所有的故事都是真实存在的，在孩子的世界里，没有什么不可能。故事就是一个人讲，一个人听。渐渐地，讲的人老了，听的人长大了，于是听的人变成讲的人，将自己听过的故事讲给另一批孩子听。也许讲的并不完全和听到的相同，可是听的人却听得津津有味，丝毫没有怀疑。

同一个传说在流传的过程中会产生一个又一个不同的版本，没有人说得清哪个是真的、哪个是假的，毕竟那只是传说，本身就不一定存在。对孩子而言，他们更愿意相信那些有着美好结局的故事，如公主和王子幸福地生活在一起，总做坏事的人最后受到了惩罚，付出努力的人得到了收获之类。孩子眼中的世界是美好的、单纯的，似乎一切就应该那么自然而然地进行，然后自然而然地开花结果。

年幼的幼仪也曾从母亲和照顾她的阿嬷那里听过许多故事，一些故事让她时隔多年仍记忆犹新。比如，一个关于两姐妹和月亮的传说故事。

故事最原始、最完整的版本是这样的：很久很久以前，有一对非常漂亮的姐妹住在月亮里，每到夜晚，月亮升起之后，地上的人们就会看到她们的身影。地上的人们一见到她们就被迷住了，都止不住地盯着她们看，可是这对姐妹不喜欢被人们注视，于是她们央求住在太阳里的哥哥和他们交换住的地方。哥哥听了她们的原因，笑着告诉她们，住在太阳里会被更多的人看到，可是这对姐妹却非常有信心地说，只要交换了住所，就再也不会有人看得到她们。哥哥同意了她们的要求，和她们换了地方，从此，这对姐妹住进了太阳里，将她们的七十二根绣花针变成了太阳的光芒，用来阻止地上的人看到她们。

张幼仪从阿嬷和母亲那里听到的是不同的版本。阿嬷告诉她，那两姐妹从来不曾离开过月亮。母亲则告诉她，那两姐妹原本就生活在太阳上，从来不曾去过月亮。

1902年中秋的夜晚，阿嬷把两岁的幼仪放在篮子里，带她出去看月亮。阿嬷指着天上的月亮告诉幼仪，那对姐妹就住在月亮上，透过那一层层朦胧的光晕，就可以看到两个美丽的姑娘轻轻地在月亮上飘来飘去。幼仪好奇地睁着一双大眼睛盯着月亮看，起初，她只看到朦胧的光和模糊的痕迹，渐渐地，她仿佛真的看到了阿嬷说的那两个姑娘，并被她们的美丽迷住了。她仿佛看到她们曼妙的身姿，看到她们迈着精致的步子在月亮上行走，看到她们的脚上穿着精致的绣花鞋，一身绫罗随着她们的走动轻轻地扬起、轻轻地落下。

回到家中，小幼仪闭上眼，进入了梦乡。在梦里，她又见到了那两位姑娘的身影，虽然模糊不清，却着实美极了。从那之后，她便越发相信，月亮之上住着两位美丽的姑娘，像阿嬷曾经告诉她的一样，只要她够乖，长大后就会像月亮上的姐妹一样漂亮，也会像她的母亲一样，成为一个美丽优雅的女人。

或许在当时，小幼仪并不明白阿嬷指的美丽是什么，只是单纯地认为拥有美丽的样貌和优雅姿态就能成为美丽的人，就能被大家喜欢。幼小的她还不懂得阿嬷口中"美丽"的真正含义，也不知需要为这样的美丽付出怎样的代价。

阿嬷从小生活在乡下，没受过什么教育，是个粗人，她将青春洒在了田地间，春耕秋收就是她生活中最重要的事情。阿嬷和母亲、伯母们最大的不同之处在于她有一双大脚，走路很稳，可以迈很大的步子，相比于家中那些裹着小脚的太太小姐们，阿嬷行走的样子虽然不够优雅，却有种特别的自在。

张幼仪的母亲却有着一双不同的脚，那双脚十分小巧，小得可以捧在手掌心里。平日里，母亲的脚都包裹在白色的布条里，对于母亲而言，每天起床后的第一件事，便是用干净的布条将脚包裹起来。她曾在早上见过母亲用布条包裹双脚的样子，那么小心，那么虔诚，仿佛对待一对宝贝一般。裹脚的布条很长、很干净，上面还有淡淡的清香，幼仪知道，那是曾在加了香料的清水中泡过的缘故。

那时，年幼的幼仪还不明白，为什么阿嬷的脚那么大，母亲和院子里伯母们的脚却那么小。她也不明白在当时的年代，脚的大小对一个女人有怎样的意义。她只知道阿嬷和母亲讲的故事不一样，却并没有单方面地只信其一。她更愿意相信月亮和太阳上各有一对姐妹，太阳里的那对姐妹性格刚烈；月亮里的那对姐妹性情温婉。太阳里的姐妹虽然不想被人们见到她们的样子，却对人间充满好奇，不时向人间张望，于是便时常有浓浓的阳光照在她身上；月亮里的姐妹喜欢宁静，总是安安静静地住在月亮里，不言语，不张扬，悄悄地与世间的人们一起生活。这样想着，一种奇妙的感觉在她的心中蔓延起来。

月亮和太阳，同样高高在上，给人的感觉却不同。恬静的月光不食人间烟火，激烈的阳光热情充满活力，用来比喻生活，便是两种不同的生活。羡慕月中女子美丽的，忽略了月亮之上的清冷，不知那内心的荒凉。她们只欣赏到那摇曳的身影，那步步生花般的脚印，却不知那痛，那铭刻在身体和内心的痛，任由多少羡慕都无法抹除。

锻 造 美 的 仪 式

女人爱美是天性、是本能，如蜜蜂会去寻找鲜花一般，靠的是一种暗自而生的力量指引。几乎没有女子不喜欢美丽，没有女子不会因自己成为人们视线中的焦点而欣喜。今日之美，包含精致的妆容、窈窕的身姿、丰富的内涵；旧时之美，则包含温顺的性情、乖巧的言行。同样，缠足也是一种美。

20世纪初以前的中国，女子以小脚为美。所有女子还在幼儿期时，就要被人用布条将折过的脚掌缠起，最终缠成又尖又小的小脚。缠过脚的女子只能用脚跟勉强行走，无法正常迈步，行动非常不方便，可还是有无数的女子为了"美"而去缠足。更何况缠足在当时是一种公认的风俗，如果一个大户人家的小姐从小不缠足，一定会被人耻笑。因为那些没有缠过足的女子，多数都是像幼仪的阿嬷一样，是需要下田地干农活的村姑。

据说缠足的风俗起于五代。南唐李后主有一位名叫窅娘的宫嫔，生就一双小脚，而且能歌善舞。一次，李后主为她制作了一座高为六尺的金莲，命她站在金莲上舞蹈。窅娘便用布将脚缠成新月状，使那双本就小巧的脚看起来更小了。窅娘在金莲上的一舞震撼了李后主，也因此生出"三寸金莲"一词。从此之后，缠足就成为一种风俗，用来作为评判古代女子是否美丽的标准。

张幼仪出生于19世纪末，那时，缠足的风俗正在渐渐褪去，然而作为一户旧式人家的女孩儿，她仍然没有逃得过这一劫。她的母亲仍然认为女子一定要缠足，否则便会被耻笑、被鄙视、被嫌弃。

幼仪三岁那年，她的母亲决定为她缠足。

农历腊月二十三是传统的灶神节，传说是灶王爷上天庭汇报所掌管人家优缺点的日子。为了让灶王爷在天庭多说自家的好话，每到这一天，人们都会为灶王爷准备格外丰厚的美食，还会为他准备一碗汤圆。汤圆黏黏的、软软的，人们认为灶王爷吃下汤圆后，嘴巴就会被粘住，这样便不会说出任何不利于自家的话了。当然，这都只是传说，可是家家都把这传说看得很重要。

在张幼仪的记忆中，三岁那年的灶神节是她一生都难忘的一次。那一天，她在阿嬷的吩咐下独自吃下了一颗据说可以让她"变软"的汤圆。她不明白"变软"是什么意思，只是依稀从阿嬷的神情中感受出，阿嬷是为了她好，于是她乖乖地吃下。

第二天一早，阿嬷带着一盆温水和一叠白布条来到她的房间时，她还不知道阿嬷要做什么，乖乖地任凭阿嬷将她的双脚放入温水中，然后看着阿嬷将白布条也放入水中浸湿。阿嬷将幼仪的小脚从盆中抬出，牵起湿布条的一端，放在了幼仪的小脚上。布条是湿的，刚刚贴到小脚上的时候，有一些冰凉，幼仪好奇地看着阿嬷，不知道阿嬷接下来要做什么。阿嬷小心地用布条缠住幼仪的脚，紧紧地、紧紧地缠绕一圈又一圈，越来越紧，她感到脚很疼，想要挣脱，脚却被阿嬷紧紧地握住了。

剧烈的疼痛不断挑战着幼仪的忍受力，她毕竟只是一个三岁的孩子，当阿嬷将她的两只脚都缠好时，她已经痛得不行，几乎快要失去存在感。那双脚，那双一天前还可以四处跑跑跳跳的脚，就在这天早上突然间失去了自由行走的能力。她望向自己的双脚，眼前出现了一层朦胧的红色，她分不清那是真的还是幻觉，是双脚渗出的鲜血，还是双眼充满了血红，总之，红红的颜色让幼仪害怕极了，一股类似死亡的气息笼罩着她，使得一向温顺乖巧的她第一次大声地尖叫起来。

阿嬷责备她不应该哭闹，否则灶王爷知道了，会将她的表现报上天庭，然后所有人都会知道她不是一个乖女孩儿。看着大哭的幼仪，母亲的反应很平静，对于这个自小缠足的女人而言，面前只是一件再平常不过的事情，此时做的一切，都是为了幼仪能够有一个美好的将来。

幼仪却无法理解，也无法接受这一安排。她不停地哭喊着，哭到嗓子嘶哑也没有停下来。她的父亲和哥哥们只在上午探望并安慰过她一阵，下午便再没有出现了。母亲将她带到厨房，让她看厨师们做菜，以为这样就可以让她暂时不去理会双脚的疼痛，可是这对幼仪没有一点儿作用。相反，当听到厨师们用菜刀砍断鸡骨时发出的声响，她的心更加不安了，那声音多么像她的骨头被折断时的声音啊！

缠足是一种痛苦的煎熬，也是一个漫长的过程。从开始到最终成形，要经历几年的时间。当稚嫩的小脚经过温水的浸泡，然后被长长的布条一次次紧紧地包裹其中，并且越来越紧时，那一声声碎裂的声音，那一阵长而持续的疼痛，痛至心底。缠足，束缚的不仅是女孩子的双脚，还有她们的灵魂。脚骨碎裂的同时，女孩儿的人格也碎裂了。那些本该自由生长的性格，本该自由飞扬的情绪，都随着一声清脆的声响，消失在空气中了。

而女孩子在缠足过程中的表现，也同样会决定她是否能够嫁入体面的人家。大声哭闹的女孩儿被认为不乖顺、性情不好，难以被夫家接受和喜欢；只有那些能够忍受得住剧痛，能够坦然接受折磨，自始至终都保持安静的女孩儿，才是值得被娶进门的女子。

张幼仪顾不得那些，她听不进母亲和阿嬷所说的"将来全镇的人都知道她不肯乖乖缠足，没有人家会要这样一个不听话的女子当媳妇"之类的话，她只知道自己的双脚疼得不行，于是她不停地哭、大声地哭。

缠足的第二天早上，阿嬷摘下了她脚上的布条。就在张幼仪以为自己的双脚又可以重获自由的时候，阿嬷却用新的布条，重复了前一天的步骤，而且这一次缠得比第一次还要紧。张幼仪刚刚放下的心又一次揪了起来，她无法控制自己的情绪，再次发出撕心裂肺的哭喊，而阿嬷却丝毫没有手软，一层又一层，直到将幼仪的脚又缠成了粽子。

这样的日子持续了三天，每天早上，阿嬷都会将她脚上染了血的布条摘下，然后换上新的布条，重新包好。而每一次，幼仪都会大哭，那凄惨的哭声在整个房子里回荡。

奇迹发生在第四天早上，当母亲和阿嬷又一次准备重新为张幼仪缠足时，张幼仪十七岁的二哥再也无法忍受妹妹每天承受这样的折腾，于是他站到母亲面前，请母亲放弃为妹妹缠足。"把布条拿掉，她这样太痛了。"二哥对母亲说。

"要是我现在软了心肠，幼仪就会自食苦果，谁要娶她这个大脚婆？"母亲说出这句话时，心里纠结的仍然是那些旧的习俗，她并没有想到，自己此时的好意，最后竟然恰恰成为女儿被丈夫嫌弃的理由之一。然而最后，母亲还是放下了坚持，因为一向言而有信的二哥对她说，如果以后没有人家肯娶幼仪，他会照顾幼仪一辈子。阿嬷却无法理解母亲的妥协，也无法相信二哥所说的"以后不会流行缠足"的话。阿嬷没有缠过足，却一心羡慕着那些缠过足的太太小姐们，在她心里，只有缠过足的女子才是像月亮里的姐妹一样温婉美丽的淑女，才能拥有幸福的人生。她一边拆下缠在幼仪脚上的布，一边说了句"神经病"。

在二哥的争取下，幼仪不用继续缠足了。但经过之前那三天的仪式，她的脚已经受到了伤害，成了一双既不属于过去，也不属于将来的脚。幸好，伤害终止得及时，她仍然可以自由大方地行走，可以稳稳地站立，可以轻松地穿过一些障碍满地的地方。有力的双脚让她能够在平地上飞快地奔跑，躲开其他孩子的嘲笑，也可以踩扁那些让人讨厌的甲虫。

几年后，慈禧太后颁布了废除缠足的规定，那残酷的锻造"美丽"的仪式得以终止。张幼仪的脚不再是人们嘲笑的对象，她终于可以坦然淡定地走出家门，这让她感到莫名的轻松。

轿子里的故事

自从听说过天上那对姐妹的传说后，幼仪便心存希望，有一天，自己也可以和天上的姐妹一样，自由地生活下去。可是，家中小孩子太多，身为次女的幼仪理所应当要照顾弟弟妹妹，生活也就无法如她期望般自由了。

张幼仪十二岁的时候，她的母亲生下了最后一个孩子，张幼仪的四妹。四妹的降生没有给家中增添什么欢乐，反而多了一些负担。母亲在生下四妹后身体一直不好，无法亲自带孩子，甚至不能走出房门，于是，照顾四妹的事情便交给了幼仪。

接下来的几年里，幼仪每天都要给四妹喂饭、换尿布、带她出去玩。四妹太幼小的时候无法吃下普通的饭菜，幼仪就把饭放进自己的嘴巴里嚼烂，然后再喂给四妹吃。尽管非常小心，可幼仪毕竟还是个孩子，难免会有失误的时候。一次，她不小心把四妹摔在了地上，四妹疼得哭了起来。父亲看到这一场景，没容得幼仪解释，就打了她一巴掌，然后扔下一句话，便带着四妹回了屋子，留下幼仪一人站在火热的太阳下。

父亲虽然脾气暴躁，从前却从未打过幼仪，这是第一次，也是唯一的一次。被父亲打过的脸颊又热又痛，幼仪想起父亲回屋前指责自己不小心，东跑西颠像一个野丫头，心里难过极了，委屈、失落一起涌上心头，眼泪就那么一滴接着一滴落了下来。可是，没有人理会她，整个院子里，只有她一人默默地流着眼泪。

太阳渐渐落了下去，傍晚时分，母亲走出屋子，来到了幼仪身边。母亲的身体仍然很虚弱，她缓缓地在幼仪身边坐下，轻轻地将她搂进怀中，告诉她生活不会太顺利，想要像天上的姐妹那样自由生活几乎是不可能的。母亲的手轻轻抚过幼仪的脸庞，擦去她的泪水，幼仪听着母亲略带无奈和忧伤的话语，猜测着母亲的意思，好像猜到了些，又无法猜得太明白。

相比于其他出生于小户人家或乡下的女子，张幼仪应该算得上是幸运的。虽然没有自由，可由于家境较富裕，她至少不必担心自己会吃不饱，也不用担心自己会被送到外人家中当童养媳。

幼仪的祖父曾在朝为高官，不但给家人留下了一个大宅院，还给家中留下了两台轿子。在那个年代，轿子是件奢侈品，是只有身份够高、家底够厚的人家才能拥有的物件。大多数人家是用不起轿子的，只有在家中有重要事件时，才会去外面租一顶轿子回来，用完马上还回去。

在古代，轿子是一种特殊的交通工具，它没有轮子，完全凭借人力前进。旧时的轿子分很多种，不同的轿子有不同的含义，不能随意乘坐。日常乘坐的轿子颜色比较素净，多是青竹制成，相当于我们平日里乘坐的出租车；送葬用的轿子上面盖着白布，相当于现在我们生活中见到的系着白色绢花的送葬车；新婚用的轿子上面披着红丝幛，和电视作品中看到的婚轿相差无几，相当于现在生活中系着气球和彩带的婚车。

不同级别的官员乘坐的轿子也不相同。在清朝，三品以上官员的官轿可用银顶，皂色盖帏，京内"四人抬"，出京"八人抬"；四品以下官员的官轿只可以用锡顶，无论在哪里都是二人抬；银顶黄盖红帏的轿子只有亲王可以坐，普通人如果坐了，便是犯上，这种轿子一般需要十六人至三十二人去抬。

张家的轿子是清政府任命幼仪的祖父为知县时送给他的礼物。拥有两顶轿子的张家在镇上算得上是富贵人家了，于是，时常有轿夫等在张家大院的附近，以便在他们需要乘轿出行时赚得一份可观的劳务费。

轿子象征了张家的荣誉，平日里，张家人会将轿子罩起，收进前院的一间小屋里。只有家中发生嫁娶之类的大事时，才会将轿子取出。幼仪的父亲如果需要出急诊，便只能去那些轿夫集聚的地方雇一顶轿子和四名轿夫，一路赶到病人家中。

轿子一代传一代，虽然张家后来全靠身为继室的幼仪的祖母操持做主，而且祖母最喜欢的孩子是幼仪的父亲，但毕竟有大太太的两个儿子在前，断不能错了规矩，于是祖母按照长幼顺序，将轿子先传给了大伯，之后又由大伯传给了家中的长子，也就是幼仪的大堂哥。幼仪的父亲和大哥对祖母的做法没有丝毫异议，他们深知长幼有序，于是都谨遵传统礼教。

大堂哥结婚的时候，张家抬出了这两顶轿子，一顶用来迎接新娘子，另一顶里坐着迎亲的新郎；接新娘的轿子上装饰着红丝喜幛，新郎乘坐的轿子上装饰着敬祖用的金丝幛。

幼仪大堂嫂的家在邻省，家境也相当优裕。在她的嫁妆中，有上好的玉石和珠宝。大堂嫂在对幼仪讲述出嫁的过程时，也向她展示了她那些闪闪发光的宝贝，虽然只是短短的一瞥，幼仪也看得出那些东西确实很漂亮。她想，那些东西一定很昂贵。

同大堂嫂一起来到张家的，除了嫁妆，还有大堂嫂的父母。大堂哥一家四口住在幼仪家隔壁，大堂嫂的父母不爱出门，大多数时间都待在房间里吸鸦片、打麻将，和张家其他人没有太多接触。后来，大堂哥家添了子女，孩子们时常跑到院子里，与其他家的孩子一起玩耍。

　　大太太过世得早，等到祖父也去世后，祖母便成为张家地位最高的人。每每看到膝下儿孙满堂，祖母都会倍感欣慰。

　　在所有子孙中，祖母最喜欢幼仪的父亲，这不但因为幼仪的父亲是她的亲生子，也因为幼仪的母亲为张家生下了八个儿子。对于一个大家庭中的女人而言，还有什么任务比传宗接代更重要呢？幼仪和她的兄弟姐妹们也沾了光，不时会被祖母叫到她的卧房里，陪她一起享用美食。

　　不知是因为祖母过于宠爱幼仪一家令大伯家的孩子们感到不公，还是因为上一辈之间的种种，大伯家的孩子对幼仪一家总有一种说不清的感觉。这其中，大堂兄和幼仪大哥之间的矛盾最为明显。二人平日里即使没有直接的冲突，也很难融洽相处。所幸，他们各自有各自的家庭、各自有各自的范围，即使合不来，也不会发生什么大的矛盾。

　　那两顶传给大堂兄的轿子，自大堂兄婚礼结束后，就一直放在前院的小屋里，平时没有人去看，也没有人去动。谁也想不到，这两顶轿子会在后来引起那么大的一场风波，因为那一场风波，幼仪一家彻底与其他两家断绝了情分，搬出了张家大宅，过上了不一样的生活。

第二章

沧桑·成长·繁华转凉

破碎的新年

春节是中国最重要的节日。传统意义上的春节从腊月初八开始，到正月十五结束。春节是团圆的日子，家家户户门上都贴着红红的春联和福字，门檐都挂着大大的红灯笼。鞭炮声声，热热闹闹，人们在鞭炮声中送走旧的一年，连带着那些霉运一起送走。屋子里，一家人围坐在桌前吃着团圆饭，包着饺子，聊着开心的事情，其乐融融。

在旧社会，春节有许多特殊的习俗，如身体不得有损伤，否则就是对不起神明的赏赐，会让神明不悦。而神明一旦对某个人不悦，这个人就会一年之内事事不顺。过年期间不动针线的习俗想必就是由此衍生的。为了防止幼仪不小心戳伤手指，阿嬷特别允许她出去玩，而不是像平日一样躲在房间里学习女红。对于幼仪而言，这无疑是件值得庆幸的事情。她开心地跑出房间，和兄弟姐妹一起玩耍，还要小心地不弄脏身上的新衣。

记忆里，幼仪身上穿的是丝质的衣裳，头上梳的是两条被阿嬷系得紧紧的小辫子。这辫子弄得她头皮痒痒的，很不舒服，她却不能把它们弄松，怕天上的神仙看到自己不听话，不给自己好运气。那时民间流传着这样的规矩：小孩子在过年期间一定要听话，穿好新衣裳，扎好小辫子，言行举止都要规矩得体，因为这段时间里，天上的神仙会到人间巡视，一旦他看到某家的孩子不乖、不懂礼，就会让这家的孩子一整年都没有好的运气；而若是他看到某家的孩子特别听话、干净得体，就会让这家的孩子在新的一年里事事顺意。

一般人家过年时，会在前厅悬挂写有"福禄寿禧"的横幅，以此迎接新年。幼仪的父亲却在前厅挂了不同的横幅，上书"礼义廉耻"四个大字，并以此给孩子们做庭训，教育他们一定要有礼、正直、不偷窃、光明磊落。这是出身书香门第的父亲的一贯作风。早在与妻子结婚后，他便为张家作了一个对句，其中有"嘉国邦明"四个字，幼仪和兄弟姐妹们名字中的"嘉"字就是从这个对句中选出的。之后的孩子们也要依照顺序，从对句中选取排辈字作为名字中的第二个字。

父亲非常爱国，也很有学问。"嘉国邦明"四个字的表面意思是希望"国家美好，国土光明"，其实还有另一层含义，将其中首尾两个字换作它们的谐音字，便是"家国邦民"，即"由家至国再及于人民"。这句话是父亲看过《尧典》之后领悟出的。

孩子们的名字都是父亲起的，他给大哥起名嘉保，希望他能够保护整个家庭、负起家庭的责任。大哥也一直谨记着自己身上的责任，时刻提醒自己，要努力成为家庭的支撑。然而，事情却不如他期望的那么顺利。

1907年，幼仪的大哥是一家棉籽油厂的厂长。年前，由于手下的优秀工人被挖了墙脚，影响了工厂正常进度，只得另雇人来干活，结果工厂赔了钱。不知是不是因为思虑过重，腊月初八那天，幼仪的大哥在吃饭时不小心打碎了一只碗，这让家里所有的人都感到有些担心。家人知道大哥的厂子遇到了困难，都担心打碎碗之后会有什么更糟的事情发生，表面却保持平静。就在人人都安慰大哥不会有事的时候，一位用人将摔成六片的碗小心捡起，收了起来。

按照迷信的说法，过年期间如果有人打碎饭碗，他的运气就会受到影响，接下来的一年中会一直不顺利。虽然不知将碗拼好是否能够有所补救，第二天，张家还是请来了一位补碗匠，将大哥打碎的碗用金丝拼了回去。

镶了金丝的碗看上去滑稽可笑，可大哥还是将那个碗用到了腊月底。大伯家的大堂哥与大哥一向相处不好，看到大哥这副样子，不由得取笑他，大哥没有作声，只是默默地吃着饭。谁知，过了三天，张家真的发生了一件不幸的事情，只是这事不是发生在大哥身上，而是发生在大堂嫂身上。大堂嫂的房间失窃了，她曾向幼仪展示过的那些华丽昂贵的珠宝全都不翼而飞，只剩下空空的首饰盒。

案发当夜，大堂嫂的一声尖叫惊醒了差不多整院的人。随后，张家的用人们打着灯笼满院子搜查，嘈杂声、奔跑声、呼喊声此起彼伏。幼仪从睡梦中被吵醒，听到外面的声音，她想，一定是家里出事了，于是她推了推睡在身边的大姐，然后急忙跑到院子里，想看看到底出了什么事。她看到家中的女眷披头散发地站在院子中央，面上全都失去了平日里的优雅，兴许是过于匆忙，一些女眷的缠脚布都没有缠好。

一些人说，见到小偷跑上了幼仪大哥家的屋顶，所有人追过去，却什么人都没有看到，丢失的珠宝也没能找回。连续好几天，大堂嫂的面色都十分难看，家里人有时想劝她想开些，看到她的表情，话也就说不出口了。

若是事情就这样安静地过去便好了。一周之后，幼仪大哥工厂的生意突然有了好转，这让幼仪一家既感到惊讶，也感到欣喜。毕竟按常理来说，大哥的运气如果没变坏，就已经是老天保佑了，谁都不曾想过他的运气突然会变好。

原本不相干的两件事，若是时间上刚好能衔接，就很容易让人多想。眼见大哥的生意渐渐好转，大堂哥一家却在心里犯了嘀咕，认为事有蹊跷。在春节期间打破碗的人不可能突然之间就转了运气，唯一的可能就是大哥偷了大堂嫂屋内的首饰出去当了，才有了钱进行周转。他们越想越觉得一定是这样，否则，为什么明明看到贼跑上了大哥这边的屋顶，却怎么都搜不到呢？

之后的日子里，大堂哥一家不再到前院吃饭，也不再让家中的小孩儿与幼仪家的小孩儿一起玩耍。大堂嫂的母亲还在大哥经过他们住处时，恶狠狠地骂他是贼。张家人非常看重面子，对于他们来说，颜面就是"第二生命"，颜面的丧失和生命的丧失程度是相似的。幼仪的母亲听到儿子被人骂，心中很不是滋味，向父亲提出要搬家。被自家人如此诋毁，幼仪的父亲心里也非常不高兴，整个一个年关，一家人过得都特别憋闷。年刚刚过，幼仪的父亲便带着全家搬出了张家大宅。

祖母不相信东西是大哥偷的，却没有证据可以证明大哥的清白，只好眼睁睁看着幼仪一家离开了她。她知道，如果自己也和幼仪一家一同离开，另一边一定会认为她偏祖亲生儿子，这样一来，两边的关系就彻底无法挽回了，张家也就一定会支离破碎。为了保证家庭的完整，祖母没有和幼仪一家一起搬出去，而是选择留在两个和自己没有血缘关系的孩子身边。幼仪的父亲自然明白祖母的用心，他静静地带着家人离开，直到这件事情渐渐淡了以后，才不时带着孩子们回祖母家吃饭，以免让镇上的人看张家的笑话。

大哥的冤屈持续了整整十年，在这十年里，搬出大宅后的幼仪一家经历了许多苦难。幸好祖母的厨师无意间听自己的儿子向人夸耀他曾偷了大堂嫂家的首饰，一切才真相大白。祖母的厨师服侍祖母多年，对祖母忠心不贰，当得知一切都是自己儿子的错，害得主人家损失了财产，又损失了家庭的和睦后，这位厨师深感惭愧，马上告诉了祖母实情，并命儿子向祖母道歉。

厨师的儿子说，当夜他确实跳上了幼仪家那边的屋顶，最后却躲进了存放轿子的小屋，藏在了其中一顶轿子里。当张家的人满院搜查的时候，没有人想到长年不用的轿子里会藏着一个人，也就没有人去搜查，于是，他侥幸逃脱，幼仪的大哥却背上了冤屈。

如此一来，幼仪大哥的罪名终于得以洗清。祖母看在厨师服侍张家多年，又忠心不贰的分儿上，对厨师的儿子也没有重罚，事情就这样结束了。后来的张家人，再也没有人提过关于"轿子事件"

的只言片语，或许是因为这件事并不光彩，毕竟手足之间的相互怀疑、污蔑和冤枉，对于一个爱面子的大家族而言是件非常丢脸的事情，若是让后辈知晓，他们的长辈之前曾因一些私人恩怨做过这样可笑的事情，做长辈的自然也会颜面无光。

渐渐地，人们淡忘了这段经历。张家的后人们从老一辈口中听到的，都是某个分支的家庭如何和睦，某位长辈如何光耀了门楣。可是对于幼仪来说，这件事却是不可能忘记的。若不是因为这件事，大哥不会将一个不属于他的骂名背了十年，不会感觉是自己的生意转好导致家庭受辱而自责，他们一家也不会永远离开宝山的老家。

在她的记忆里，那一年，破碎的不仅仅是一只碗，更是一个家族、家族之间的信任与和睦。

地 道 的 张 家 人

旧时的大家族中，总会有各种规矩和传统，随着时间的流逝一代一代传承下去。这些规矩和传统，似乎成了一个家族的标志，让这个家族一旦在社会中被提及，便会令人不由自主地联想到这个家族的成员应是什么样子。即使不曾与他们真正相识相处，也会有一个初步的印象。

书香之家多提倡儒家思想，注重礼仪和学识，举手投足之间透着书卷气，说话的声音如春风般平和，令人感到安心；将士之家多注重性格的坚韧，教育子女要有坚定的意志、勇敢的心，做事雷厉风行，不得半点儿拖沓；商贾之家多注重为人技巧，想事缜密，处世圆滑，谈吐之中充满智慧，心计却不露一点儿痕迹。

　　张家属于书香之家，对于张家人来说，地道的张家人应该仪态大方得体，重视传统礼仪。张家的男人都是非常优秀的人，不要说张幼仪祖父是清朝的大官，父亲是德高望重的医生，幼仪的几位哥哥，或从商，成为商业界的领军人物；或从政，成为台湾政坛的知名人物；或从文，成为当时极少在斯坦福大学中任教的中国人之一；或从金融，一度成为中国银行的领导者。

　　张家的女子，无一不嫁得体面，夫家的身份地位都很高，所嫁之人学识渊博、家境殷实。她们本身也具备了张家人的传统，出入社交场合时，她们自然而然流露出的得体举止和言谈，令所有见过她们的人不由得表示出发自内心的赞赏。

　　张家的长辈在教育子女的时候，都不免提及他们那些优秀的叔伯和姑婆，言语中充满骄傲和自豪。然而幼仪的兄长们在事业上的成就，都主要归于他们本身的努力，只是人们在审视他们的成功时，往往忽略了他们之前曾经历过的那些苦难和艰辛。

　　自从搬离宝山的张家大宅，幼仪一家寻了一处相对简朴的小院，过起了与之前不同的生活。新家没有太大的院子，也没有太多的房间，父亲只得将池塘里原本作为茶厅的船屋改成了卧房，男孩儿和女孩儿各一间，教书先生一间。虽然拥挤了许多，可对幼仪来说，这倒是没什么，她反而很喜欢这样的紧凑。

船屋建在池塘里，下面有几根脚柱，将船屋的底部与池塘隔离开。夏天来临时，推开窗子就能感受到池塘中散发出的清凉气息，闻得到塘中莲花的芳香。将头探出窗口，还能看到一尾尾灵动的鱼儿在屋下游来游去，那感觉妙极了。幼仪喜欢这种感觉，那莲花环绕的小屋仿佛一处仙境，令她有一种漂浮在水中的自在感。偶尔响起的蛙鸣破坏了夏夜的宁静，却也赶走了寂寞。

刚刚离开宝山的老家时，幼仪的心中还会不时有些舍不得待自己极好的祖母。在新家住上一段时间，尤其是感受到夏日的美丽后，幼仪渐渐适应了新家的生活。尽管如此，在刚搬进新家之后，幼仪一家还是过了一段艰苦的日子。

幼仪一家是在年尾匆匆离开的，过年时准备的丰盛食物和金钱都留在了老家，他们什么都没有带出来，于是一家近十七口人最先面临的，就是如何解决日常饮食的问题。要强的父亲在离开老家时没有要求分家产，也没有要求家里将应属于他的租金交给他。也许是因为受到的委屈让他觉得颜面受损，走的时候，他只带上了自己的妻儿，带了一些生活需要用的物件。

家中的孩子太多了，大哥和三哥已经成家，家中还有嗷嗷待哺的婴儿，如果不马上想办法，不要说置办过年用的东西，全家人都要挨饿。就在大家一筹莫展的时候，事情突然有了转机。一户邻人家中有人得了急病，听说幼仪的父亲是医生，便急忙派人去请他过去瞧病。

一般来说，年还没有过完的时候，各行各业都是不营业的。然而一听说有病人，幼仪的父亲没有半点儿犹豫，就急忙拿起药箱跟着那家的用人走了。几个小时后，父亲回到家，面露喜色地从口袋中掏出四块银元，孩子们也高兴极了，大家都知道，这个年不会过得太紧了。

对于幼仪的父亲而言，这是一次不寻常的经历。以前在宝山当医生时，虽然经常给人看病，也收过不少病人表示感谢送来的食物和国画，诊金却很少收。在老家生活的岁月里，他不需要单凭自己的收入养家，对金钱自然也就不那么看重。如今，一切都不同了。诊金成为张家这一支生活的根本支撑，父亲不得不打破一直以来的习惯，开始向病人们收取诊金。这对他而言的确是一件非常困难的事情。之前镇上的人听说了幼仪一家的遭遇，都非常同情他们。病人们明白，张大夫家的处境已与往日不同，但出于对张大夫的为人和医术的相信，况且新家离老家不算太远，所以他们仍然习惯来找幼仪的父亲治病。

日子就这样一天天过了起来。幼仪在长大后回想起当时的生活，不由得为父亲的坚持感动，也为父亲的辛苦心疼。那时幼仪已经七岁，在那个年代里，七岁已经不再是小孩子了，已经能够明白一些家中的情况，能够理解父亲是多么努力地支撑着整个家，同时又多么努力地维持着张家的尊严。父亲虽然离开了张家，却仍然按照张家的标准约束着自己，从来没有一刻松懈。这就是张家人的传统，无论身处什么样的境地，尊严决不可以放弃。

张家所坚守的一些礼数和规矩究竟是福还是祸，对此后人并没有一个明确的说明，确实也是因为无法说明。张家确实有许多子女在坚守这些规矩的同时获得了杰出的人生。

幼仪自小最喜欢的二哥张嘉森曾被新加坡首任总理邀请前去协助成立政府；四哥张嘉璈过世后，他曾任教的斯坦福大学将一所阅览室题献给了他……那些切实存在的丰功伟绩使他们成为张家后人的榜样，在张家人不时提起家族传统的过程中，即使自小生活在国外的那些张家的孩子，也对他们的事迹了解甚多。当时的张家人就是当时中国人的代表。

幼仪的父亲一向遵循隐忍之道，这便是他一言不发、一分钱不带离开老宅的原因。父亲将隐忍视为一种美德，不但自己处处隐忍，也教育儿女要隐忍，所以才会在幼仪的大哥受到冤枉时选择离开而不是打官司，才会在幼仪出嫁前再三嘱咐她要顺从、要隐忍，要接受徐家提出的一切要求，要永远谦和乖巧地对待公婆，无论她的丈夫如何对待她。

张家的后人们也将隐忍作为一条家训，时刻遵守着。这种隐忍对于男子而言算不得坏事，至少它可以适当抑制男子体内那种冲动和暴躁，避免因冲动做出一些不理智的事情，是以张家的男子个个都成为出色的人。这样的结果也让幼仪的父亲更加认定隐忍的益处。但是他忽略了一点，对于当时的女子，那本就在传统教育中失去自我、一切以夫家为主的女子而言，崇尚隐忍，无形之中剥夺了她们作为一个有血有肉的人的权利，更不要说什么尊严了。

失去了灵魂，还有什么能够挽救一个人？失掉了自己，又怎么能够得到自己的幸福？幼仪自小谨遵父训，努力使自己成为一个地道的张家人。面临丈夫的冷落，她选择了隐忍；听闻丈夫出轨，她选择了隐忍；面对丈夫的为难，她也选择了隐忍。直到发现隐忍再无用处，她第一次做了违背张家家训的事情，平静地接受了离婚。之后，张幼仪获得了重生。

也许在张家人眼中，幼仪的许多作为并不是一个地道的张家人应该做的。她离过婚，这便是不体面；离婚时不曾经由父兄同意，更是不孝。可正是这些不符合张家人的举动，让幼仪最后活出了自己，得到了真正的幸福。

褪去繁华色彩

从生活的角度看，从简入奢易，从奢入简难。对于自小过惯了锦衣玉食的人而言，突然之间失去了大房子、漂亮衣服、美味佳肴，只能在逼仄的房间里蜗居，穿着质朴的衣物，吃着平实的饭菜，那感受就像从天堂掉到了地狱。自古以来，有太多大户人家的子女因为家道中落而一蹶不振，从此过着低迷颓废的生活。张家却没有如此。离开了安稳的生活环境，离开了无忧的家庭，张家人开始自力更生，努力让生活向好的方向前进。

幼仪清晰地记得，自从搬去新家之后，家里的生活状况有很长一段时间都处于低谷。在张家老宅的时候，家中有专门做鞋的用人，家里的人几乎每天都可以换一双新的布鞋。而去了新家后的好几年里，孩子们都没有新衣服穿。体面的衣服总是要从哥哥传给弟弟，从姐姐传给妹妹。遇到类似过年拜访一类的事情，母亲就会拿出仅有的两套衣服在每个孩子身上比量一番，谁穿着最合身，谁就有机会和母亲一起去亲戚家拜访。幼仪在女孩子中排第二，穿的通常是大姐穿小的衣服，不过相比于她的两个妹妹，她幸运得多，也比较知足，即使有点儿羡慕，也从来没有抱怨过。当衣服穿在她的身上时，她心里是喜悦的，也是谨慎的，生怕不小心弄脏弄坏身上华丽的衣服。

看到父亲整日愁眉不展的样子，以及因为生活压力而日渐憔悴的面容，家人的心里总是难过的。母亲知道父亲一直将男人于家庭的地位和作用看得非常重，视男人为家庭的榜样，虽然是大堂哥冤枉了大哥，父亲却认定大伯也有着不可推卸的责任。父亲认为，是大堂哥令大伯一家都蒙了羞。

母亲劝过父亲几次，希望父亲能够看开，重新回到家中，这样对祖母也是一份安慰。可是每当她提起这件事，父亲都会假装没有听见，转身回到房间。对此，母亲也无可奈何。

幼仪的外公外婆听闻这件事后，心也变得焦躁起来。幼仪的外公外婆是一对非常亲切的老人，外公喜欢钻研儒家学说，平日不是教孩子念古书，就是在屋内静静地做学问，研究儒学中的深刻含义。外婆是一位贤良的妇人，永远都以外公的想法为主，二人过着平静安详的晚年生活。他们与幼仪已过世的祖父是世交，两家的关系一直很好，也正因如此，他们才会在幼仪的父亲出世之前与张家约定，若张家生的是个男孩，就将家中的女儿许配给张家。

幼仪的母亲比父亲大两岁，俗话说，"女大二，金满罐"，"妻大二，米铺地"。自从嫁入张家，幼仪的母亲果真没有吃过苦，衣食无忧。张家的老宅里曾养过一条德国牧羊犬，孩子们都非常喜欢它，每天将吃不了的东西喂给它吃，和它一起玩耍。只是孩子们不知道，这条狗与平常人家养的土狗不同，可能是吃了不应该吃的东西，狗开始生病、掉毛、流血……看着它的状态一天不如一天，张家人最后只好人为地结束了它的生命，也免去了它的痛苦。搬到新家后，不要说宠物，就连孩子们的基本饮食都没办法得到充分的满足，其差距之大显而易见。

远在异国他乡求学的二哥和四哥也被这困窘影响着。幼仪一家搬出宝山老家之前，他们就已经出国留学了。留学的钱一直是张家在出，对于家境殷实的张家来说，供两个孩子出国读书并不成问题。可是自从父亲自立门户，拒绝了张家的金钱后，幼仪一家便只能够靠父亲赚取的出诊费来维持全家的生活。这时，再给远在日本的两位哥哥寄钱就成了一件相对困难的事。

幼仪的二哥和四哥开始过上了苦日子，不要说买不起学习需要的书籍，就连日常生活中的必备品都快要买不起了。他们把唯一的一条洗脸毛巾剪成两半，每人用一半，一直用到不能再用为止。他们从书店买来一本书，便急急地阅读，一边读，一边将有用的内容记在笔记里，然后将书还回书店，这样他们才能有钱去买一本新的。

外公外婆一边安慰着母亲，一边希望母亲回家劝说父亲。他们认为，身为张家的媳妇，化解张家的矛盾，修补大伯与父亲之间的关系是她分内的事情。一向崇尚儒学的外公还用儒家"五常"劝母亲，要对大堂哥慈悲仁爱，宽恕他所犯下的错。而当母亲将这些话转告给父亲后，父亲却驳回了她的言论。父亲说："根据孔夫子的讲法，男人是家庭的榜样；推而论之，家庭又是国家和所有百姓的缩影。"意为若是按照孔子的理论，大堂哥一家更不可以原谅。

父亲虽然嘴上说着不肯，心里想必还是有一些动摇。从母亲向他转述了外公外婆的话之后，他连续几天没有出房间，也没有像往常一样看书，不知他在思考什么。直到几天后，他才把孩子们叫到身边，告诉他们，以后每逢重大节日，他都会带上孩子们回宝山看望祖母，并且和大伯二伯两家一起祭祖。

得知能够回去看望祖母，孩子们都很高兴，幼仪的母亲也松了口气。虽然父亲还是坚持与家人住在新居，但他能够这样说，已经表示他有所让步，祖母知道以后也一定会感到欣慰许多。

当久别数月之后，父亲第一次带着全家回宝山老家时，祖母的眼中流露出赞许和欣慰的神情。她是最不想见到这个家四分五裂的人，再怎样，三个孩子都是老爷的亲骨肉，虽然有两个不是自己亲生的，多年来，也早已经把他们视如己出。孩子们看到祖母都非常高兴，祖母看到孩子们也非常高兴，只是大伯和父亲之间却还是隔着一层模糊不清的阻碍，大堂哥一家人看大哥的眼神也仍旧带着一些鄙视和怀疑。

不管怎样，张家终于没有散。即使幼仪家已经自立了门户，与张家的联系仍然在继续。误会解除后，再也没有人提过那一年那一场闹剧。每一家每个人的生活都重新开始进入了正轨。多年以后，再次回想起当初的种种，幼仪的心中仍有感慨，毕竟那段日子的艰苦，是不曾经历过的人无法想象得到的。但也正是那段日子的艰苦，塑造出了一群杰出的张家人，让张家在中国的历史舞台上留下了一个个鲜活的角色和一场场精彩的演出。

光阴落在书墨上

隋朝起，中国开始有了科举制度。随后，"万般皆下品，唯有读书高"的观念席卷了整个中国。科举考试的兴盛使全国人陷入了赶考的狂潮里，十年寒窗苦读，只为金榜题名。富裕人家的公子希望考中，光宗耀祖；贫寒人家的孩子希望一朝考中，光耀门楣，让家里过上好日子。一些人考一次不中，便一再参加考试，如《儒林外史》中的范进，考了几十年才中了举人，随着身份的转变，周围人对他的态度由不屑一顾变为毕恭毕敬，对他的评价也完全扭转了。

在科举制度盛行的年代里，无数家庭把孩子送进私塾，让他们苦学儒家经典，牢记诗词歌赋。后来，虽然科举考试因为过于陈腐而被废除，但是将孩子送进学堂或请教书先生来家中教学的传统保留了下来。

自从 19 世纪下半叶，许多人家都将孩子送往国外留学。那时的留学和现在不同，现在的留学主要是学习国外的先进技术，当时的留学不仅注重对技术的学习，也注重对国外新思想、新制度的学习。在传统的家庭里，儒学是每个孩子都必须学习的东西。只有知晓孔孟之道，才能成长为谦逊有礼的人。幼仪父亲的思想并不陈旧，他非常重视孩子的教育，深知教育对孩子今后仕途的重要性，也知道随着时代的进步，仅仅掌握儒家文化并不够，于是还在老宅的时候，他就将幼仪的二哥和四哥送到上海广方言馆分别学习德文和法文，之后又将他们分别送去了日本的庆应大学和早稻田大学，二哥学习的是法律和政治学，四哥学习的是财政和经济学。

庆应大学和早稻田大学都是日本著名的大学，从那里毕业的二哥和四哥果然不负众望，学成归来后，都在中国政坛上创下了不可磨灭的辉煌业绩。可见幼仪的父亲在教育儿子的方面的确考虑深远。

在国外留学的人，不但衣着上发生了变化，内心也发生了变化。这些人虽然身份仍然是中国人，生活上也基本保留着国内的生活习惯，思想却得到了洋化，他们的眼界得到了拓宽，对一些未曾见过的新鲜事物好奇但不惊讶，对一些不同的言论和意见怀疑却不盲目否定，他们的思想变得开放，开始讨厌中国那些早应该废除的腐朽的思想和观念。这也是接受过西方教育的徐志摩无法接受张幼仪的原因之一。

无论是富裕还是贫穷，父亲都没有忽略过对儿子的教育，并且懂得中西结合进行教育。对女儿则不同，幼仪从小接受的教育都是传统的中式教育，脑子里被灌输的都是一些"三从四德""三纲五常"之类的东西，这些东西在思维西化的徐志摩眼中，都是过旧的，何况幼仪的脚也曾被缠过，试问一个满脑子都是新鲜事物的年轻人，怎么可能接受这样一个女子整日面对着自己呢？

搬到新家后，父亲为家里的男孩子们请了一位教书先生，先生与孩子们一起住在船屋里，单独有一个房间。每天早上，母亲和厨师会将早餐做好，送到船屋，供孩子们和先生享用。早餐完毕后便是授课时间，这段时间里，母亲会将空盘子收走，女孩子们也一同出去给母亲帮忙。

先生给男孩子们授课时，女孩子们多数在厨房里忙碌，想要听先生讲课，只有趁偶尔不忙的时候溜回船屋。受到女子无才便是德观念的影响，幼仪没有读过太多的书，只读过一点儿《孝经》《小学》之类用于培养小孩子道德品质的书。先生对她的要求也相当宽松，只要她能够乖乖地坐在课堂里抄书就可以。

对于男孩子们就是另一番景象了。幼仪曾在课堂里看到先生是如何严厉地命哥哥弟弟们抄书并大声朗诵文章的。哥哥弟弟们学的文章要难得多，都是《论语》和《中庸》里面的文章，先生要求他们把文章一字不落地背下来，于是他们大声地朗读每一段文字，想用努力的朗读将这些文字印刻在脑子里，以便在先生提问时能够流利地背诵出来。

张家的男孩子从大概四岁的年纪就要开始学习了。四岁大的孩子正是顽皮的时候，想要长时间坐在座位上已经很辛苦，何况还要努力地背下许多难懂的句子。外面的世界有欢笑，有嬉闹，有很多好玩的东西吸引着他们，别人家的孩子可以玩各种游戏，他们却只能枯坐在屋子里，面对着枯燥的书本。有时，他们也会想要偷偷溜出去玩耍，或者趁先生离开的时候稍稍休息或玩耍一小会儿，可是一旦被发现，下场就会很惨。幼仪的二哥和四哥就曾因为贪玩而受到过严厉的惩罚。

那时，二哥和四哥还很小，课堂上，先生看管得很严，他们没有机会偷偷玩耍，于是便想了个办法，利用上厕所的时间偷着玩。上课途中，他们向先生报告想要去厕所，于是先生将他们送到厕所里，然后坐在外面等他们出来。二哥和四哥在茅坑里搭了一块木板，在上面玩起了掷骰子。

母亲路过厕所时，听见里面有人说话，还有东西掉落的声音，仔细辨别后听出是二哥和四哥。她顺着厕所的窗户向里看，发现两个儿子竟然在厕所里玩起了骰子，气极了。说谎逃课已经是错，不但逃课，还碰了和赌博有关的东西，就错上加错。母亲生气地将两个儿子赶回了课堂，并将这件事告诉了父亲。父亲听后大发雷霆，他认为这两个孩子丢了张家的脸，一定要严罚。最后还是祖母出面劝说，父亲才免了让两个孩子一夜背完五十首诗的惩罚。

祖母向父亲和母亲讲述了《孟母三迁》的故事。她说，即使是孟子那样的圣人，在年幼时也曾被周围的环境所影响，去学一些不适当的东西，所以孟母才会为了孩子的教育三次迁居。幼仪的两位哥哥正处于好奇心旺盛的年龄，对一些事物产生兴趣是很正常的事，不需要过于紧张。尽管如此，之后的日子里，母亲还是格外注意环境对孩子们的影响。为了避免孩子们再接触到与赌博相关的东西，每当有朋友到家中找她一起打麻将，她都会将孩子们从房间里赶出去。

每节课上，先生都会不时点名让人背书，点名没有规律，要背的内容也不固定，背得好的可以坐下，背得不好的就需要多抄几遍，直到背下来为止。兄弟们的辛苦让幼仪看得有些心疼，可是没有办法，即使没有先生的惩罚，父亲的惩罚也丝毫不手软。她曾见过父亲点燃一炷香，然后命哥哥弟弟中的一位跪在香前，背书直到香燃尽。那是相当辛苦的过程，即使跪得膝关节钻心地疼，只要香没有燃尽，就不能起来。

少年们的光阴，就在细碎而连贯的翻书声中度过了。日复一日，年复一年。父亲计划让家中的男孩子们先接受儒学教育，打好基础后，再去新式学堂中学习。

在新式学堂出现之后，学生们的学习生涯变得丰富了许多，不必再单一地背诵那些生涩的文章。地理、物理等新生科目出现在了学生们的课堂中，一些进步的观念也被引入了课堂，那些陌生的词汇和理念吸引了大批有着热血的年轻人，让他们着迷。

当时新学堂的倡导者是梁启超，幼仪的哥哥们对他非常崇敬。五哥和六哥会排队去买他的报纸和文集，二哥还在日本加入了梁启超的政党。张家与梁家的缘分或许就是从此时开始结下的。到后来，梁启超的学生中多了一位样貌斯文、名为徐志摩的男子，而这位男子日后又成为张幼仪的丈夫，张家与梁家的关系就越来越密切了。

五哥和六哥在新学堂学到了许多前所未闻的东西，如"人人平等""适者生存"等，他们才知道，每个人都可以成为这个社会的主人，但并不是谁想要做主都可以轻易达成目标，只有适应环境的人，能够促进社会发展的人，才能够成为主人。他们越发地努力学习，仿佛在沙漠中寻找清水的人，一路向前，不知疲倦。

第三章

婚姻·命运·哀伤伏笔

知识是最华美的衣装

生活在现代的女子，若只有美丽的外表，而腹内空空，人们或许会说她是位美女，却不会对她过多接近。对于当今的女性而言，外表的美丽固然重要，内心的丰富却也必不可少。没有人喜欢与一个"花瓶"长时间独处，那感觉必然是枯燥无味的。现在，除非一些闭塞偏远的地区，已经几乎不会再有人认为女子不需要知识的装点了。

在古代，女子是不需要做学问的，因为家庭原因，张幼仪在儿时没有学到太多学问上的东西，她曾对八弟的孙女张邦梅说："我不是个有学问的女人。看看我那一手中国字，就知道不是出自读书人的手笔，而且好多字都不认识。"

学问较少，却不是不明事理的女子。关于传统礼仪，张幼仪却一样不少。她知道"三纲"指的是"君为臣纲，父为子纲，夫为妻纲”，"五尊"包括"天、地、君、亲、师"。她也知道，为什么要遵从"三纲"，要尊重"五尊"。

不知从何时起，幼仪发觉自己的内心产生了一些说不清的变化，这种变化主要表现在她想要学习。在那个女子无才便是德的社会里，女孩子出门读书是件令人难以理解的事，她自己也不知道这种求知欲来自何处，只知道自己突然之间对外面的世界产生了好奇，对那些学堂里的事情产生了向往。

也许最初对学问产生兴趣，主要是受到了二哥的影响。二哥因为学过许多西方的东西，思想比较开放，才会将她的双脚从母亲和阿嬷的手中救下，才能使她拥有可以正常走路跑跳的双脚。而当她经历了一段失败的婚姻之后，她更加意识到，自己和徐志摩的种种差距中，有一样差距便是自己读过的书太少。她的父母想必也不曾想到，本是一心为了女儿将来能够过得美满，却恰恰害女儿失去了丈夫和婚姻。

旧时的人家往往有这样一种思想，女子一旦读太多书、知道太多的东西，就会变得自以为是，不喜欢听从夫家的话。相比于那些腹有才华、会和夫家争论的女人，还是没有读过书的女子比较温顺，所以才会有"女子无才便是德"的说法。

对于张家而言，女孩子最终要嫁人，所以只要保持温顺贤良的性情便好，读太多书对她们只是拖累。张家以后还是要靠那些男孩子，所以在子女的教育方面，父亲只为几位儿子请了先生，又把他们送去国外留学。幼仪和姐妹们可以在空闲时去旁听，但是先生不会特意为她们讲解，而男孩子们学的文章都太难懂，即使听了，也是不懂的。

幼仪曾向母亲表示过自己想要求学的念头，可是母亲说，父亲不可能花钱让她上学，也不可能单独为她请一位教书先生。幼仪知道，除了父亲这方面的因素，母亲也并不赞成她出门读书。

幼仪曾在邻居家见过两个读新式女校的姑娘，她们身上都穿着褐色的长裤和没有领子的衬衫，每天早上，她们都会早早出门，因为从她们的家到学校有很远的一段距离，她们需要乘坐火车才能准时到达学校。在幼仪的眼中，那两位姑娘是美丽的，吸引人的，她们那身与众不同的装束，与她们眼中闪烁着的智慧光芒相互呼应，使她们看起来格外大方优雅。

可是幼仪的母亲对这位两个姑娘并不满意，在她看来，这种将脖子露在外面的姑娘过于开放，性子不够安静，是要不得的。于是，媒婆每年向张家推荐这两个姑娘作为张家的儿媳妇时，母亲都是一脸厌恶地拒绝。

幼仪的母亲希望女儿像她一样，不要出门，不要上学，在家中仔细学习女红、持家等适合一个闺阁女子应该学习的东西，修德养性，等到出嫁的年龄到了，才能嫁入一个好人家。出嫁之后，只要给夫家多生下几个儿子，人生就圆满了。尽管如此，幼仪还是没有放弃接受教育的念头。当大姐努力取悦于人时，当三妹和四妹分别迷恋烹饪和设计时，只有她在一心想要多学一些知识。

面对父母的不赞成，张幼仪并没有放弃自己的梦想。她一边乖乖地帮忙料理家事，照顾年幼的弟弟妹妹，一边关注外面的消息。1912年，十二岁的张幼仪终于等到了一个求学的机会。

时代的发展让女子上学渐渐成了普遍的事情，人们见到这些外出求学的女子时，也不会再用诧异的眼光注视她们，那目光中，也渐渐有了欣赏之意。某一天的《申报》上刊登了一则关于第二女子师范学校苏州女校的广告。苏州女校是一所教授西洋学科的新式女子学堂，学费便宜，学校对学生的待遇却好得出奇，一学期只要五银元，食宿费、书本费、零用钱和假期往返苏州的火车票都包含在内，学生不需要再去交任何额外的费用，仔细算来，比她在家中生活所需要的花费都要少。

张幼仪看到这则广告后，心里非常兴奋。她想，如此便宜的学费，父亲应该不会反对了。但是她并没有直接去向父亲要求，而是先征求了母亲的意见。母亲听了她的讲述，尤其是听到学费如此便宜后，似乎有些动容，可是紧接着，她便问了一个她特别关注的问题，关于学校制服。

幼仪的母亲十分保守，她对衣服的领子有着很固执的坚持，认为女孩子穿没有领子的衣服是不得体的行为。幼仪说广告上没有说明制服的款式，母亲听完犹豫了片刻，最后还是拒绝了幼仪的请求。母亲的理由是，苏州离他们的家太远，而且据说那里有许多性格轻浮的美女，她担心幼仪一个人去"那种地方"会不安全。

为了说服母亲，幼仪决定动员家里的人和她一起去苏州，可是两个妹妹还小，兄弟们都有各自的学业，况且一起前往也不是很方便。考虑了再三，幼仪决定带大姐同去。幼仪的大姐早在十岁时被人算过命，说她二十五岁前不宜嫁人，否则丈夫会早逝，于是，大姐便一直留在家中，过着悠闲的生活，不是哄人开心，就是打麻将，或者便是整日无所事事。幼仪决定去苏州求学那年，大姐还远不到应该出嫁的年龄，虽然她对学习没有兴趣，不过想到出去转转总比在家中闷着好，便答应了幼仪的请求。

得到了大姐的同意，幼仪开心极了，这样一来，母亲便再没有理由可以阻止自己。而父亲在得知学费的金额后也沉默了，他无法相信竟然会有学校愿意做这样看起来赔本的买卖。既然学费这么便宜，不如让幼仪和大姐去试试，这样还可以节省家里的开销。

怀着对美好未来的憧憬，姐妹二人准备前往苏州。就在出发前，她们才得知一个残酷的消息，学校为报名的学生们准备了入学考试，只有通过考试的人才可以入学。此时，幼仪大概明白了为什么这所学校的学费会如此便宜，待遇又如此优越，她的心里有点忐忑，却也更加期望能够进入这所学校，她可以感觉得出，在这所学校里，她能学到她想学的东西。

对学习一向没有兴趣的大姐听说有考试，马上慌了神，她与幼仪不同，虽然一同跟着先生学过一些简单的东西，却也只是听过就算，从来没有用心理解和记忆过。原本她打算只是以陪读的身份和幼仪一起入学，并没有打算用功读书，如今听说没等入学就有考试，她感到十分头疼。

幼仪对自己的能力也没有多少信心，她只知道，自己一定要进这所学校，否则，很可能再也不会有求学的机会了。大姐见状，提出了一个建议，让二伯家已经入学的两个堂姐代替她们考试，两位堂姐已经学习过一段时间了，一定能够通过考试。

幼仪想了想，这也不失为一个稳妥的办法，毕竟目前来看，能入学才是最重要的，于是她同意了。她们将想法告诉了父亲，原以为一向为人正直的父亲不会同意，却不想父亲竟然同意了她们的请求。

幼仪很想知道自己的水平究竟如何，在她的劝说下，考试当天，幼仪和大姐以及两位堂姐一起出现在考场。幼仪和大姐用了两位堂姐的名字，而两位堂姐用的则是幼仪和大姐的名字。考试结果公布时，看到四个人的名字都在录取的榜单上，幼仪终于松了口气，她终于距离自己的梦想近了一步，将来的日子里，她还可以更近一步。

在灵魂埋下新的种子

若是不曾走出封闭的空间，就永远不能见到不曾见过的景象，不能结识不曾结识的人，不能遇到命中注定要在某处相逢的爱。若是不曾走出心中的牢笼，就只能如井底之蛙般永远生活在自己那一小块天地；只能任由心中那一份躁动从不安渐渐变得疲惫，最后停息；只能任由视野越来越狭小，最后小成一个光点。人生也是如此，一旦将自己固定在一个小小的范围内，在远离未知危险的同时，也难以看到更多的美好。

灵魂，虽然看不到它，可它或许存在。一些灵魂是透明的，一些灵魂是灰色的，一些灵魂是七彩的，一些灵魂是新鲜的，一些灵魂是腐坏的。拥有怎样的灵魂，就能拥有怎样的生活。失去了活力的灵魂，要怎么维系一个生命的继续？灵魂需要洗涤，在大量的信息中洗涤，吸收新鲜的，淘汰污浊的。每一次洗涤都能让灵魂变得更鲜活，保持活力。

第一次离家，虽然不算太远，母亲还是哭了。坐上火车，幼仪的心中盘旋着对新学校和新生活的向往。一路上，她望着窗外不断向后的树木，以及那一片片绿色的稻田，想象着新的生活会是如何。

当张幼仪站在苏州女校的校门口时，她的心中不由得激动起来。多少次，在梦里的期望，那份想要和那些新时代的女子们一起上学读书的梦想，这一刻终于实现了。幸福感冲击着她的脑海，她甚至有一种做梦的感觉。想到自己就要在这样一个美丽的校园中生活四年，她顿时感到了无穷的动力。

学校并不大，校园里只有宿舍、教室和餐厅三栋建筑，学生们的日常生活也很简单，只需往来于三栋建筑之间便可。宿舍是六人间，除了幼仪和大姐，还住有四名女同学，其中有三名同学和大姐一样是缠过脚的。幼仪的脚没有缠，在校园中行走自然没有什么异样的感觉，她可以捧着课本，迈着轻快的步子，从宿舍走到教学楼，再从教学楼走回宿舍。大姐和她的另三名室友则不同，她们的脚是自小缠起的，入学前最多在自家的院子里走动得多一些，如今到了学校，小脚的行走不便让她们感觉校园异常宽敞。此时，幼仪就更加感谢二哥对她的帮助，若不是二哥当时制止了母亲和阿嬷，如今自己怕是也要缠着小脚在校园里辛苦地挪动步子了。

学校里缠过脚的同学不占少数，年龄也都相对较大，幼仪是所有学生里年龄最小的，也是最努力的。不知为什么，老师对她却相对严格许多。一开始，幼仪想不明白为什么自己那么努力，老师还对自己严格，而大姐那么松散，老师却并不严格要求她。后来，她发现一个规律，老师对缠过脚的女生总要比没有缠过脚的女生宽松些，或许在他们心中，缠过脚的学生观念都比较旧，难以接受新的事物和知识吧。

虽然拿着戒尺的老师并不会真的用戒尺打学生，但他们会在学生背错课文或犯了什么错误的时候，用力地拿戒尺敲打课桌。幼仪曾见过老师一边敲着戒尺，一边问她为什么做错了答案。大概是想要起到警示的作用吧，毕竟都是女生，而老师都是男的，真要让这些男老师用戒尺打女学生，没有哪个老师能够下得了手。

进入学校，一切都是新的，和家中不同。新的床铺，新的校服，新的课本，新的作息时间，新的生活习惯，新的规章制度。突然之间进入一个陌生的环境，没有用人的服侍，没有悠闲的时光，许多同学都感到了不适应，特别是要抱着重重的书，用那双缠着的小脚快速行走在比庭院大许多的校园中，对她们来说是件非常辛苦的事情。还好，幼仪很快适应了这里的生活。

早上八点上第一节课，想要不迟到，就要提前一个小时起床、收拾床铺、洗漱、更衣，然后赶去餐厅吃早饭。去餐厅的路上，幼仪见大姐抱着书行走得非常吃力，于是接过大姐手中的书。餐厅里摆着几张圆桌，每张桌子边坐下十个人。开饭时间到，餐厅的工作人员会在桌上摆好四五盘菜和一大碗米饭，学生们围坐在圆桌周围用餐，用餐完毕就去教室预习功课。

幼仪默默地吃着学校的饭菜，虽然比不得家中的美味，但也不至于难吃到无法下咽。自小她便是个乖顺的孩子，早已经学会并习惯于接受各种变故和不习惯。大姐却不如幼仪般顺从，她总是嚷着学校里的饭菜难以下咽，认为做出这样饭菜的厨师父亲一定不会请回家。她一次次写信向家中诉苦，请母亲寄些好吃的东西过来。想来也是，幼仪的父亲对食物的挑剔程度岂是一般厨师能够应对得了的呢？父亲对食物的要求那么高，难怪大姐的口味也被训练得高了起来。

幼仪也向家里写了信，她在信中告诉母亲，学校的校服是一件能盖住脖子的蓝色罩衫，远看像一条大大的围裙，每天出门前，她都会把这条"大围裙"套在自己的衣服外面。保守的母亲没有多说什么，一学期五银元这样便宜的学校，能给孩子们做校服已经很难得了，至于款式，只要能够遮盖脖子，让自己的女儿看起来不像那些新派的女子，母亲的心便放下了。

学校开设的课程有地理、数学、历史和文学。大姐对这些课程都不感兴趣，在学校，她把更多的时间用来帮人清洗或缝补衣服。幼仪知道大姐很聪明，否则不可能只凭随便猜测就通过了入学考试，可是无论怎么劝，大姐都不肯将心思用在学习上，她也只好作罢。

苏州女校的学期一共有四年，前三年是授课期，第四年是实习期，学生可以在实习期内对低年级的学生进行教学，并在毕业后领到一张小学师资证书。幼仪的想法很单纯，也很直接，她只想努力学习，将知识都记进脑子里，满足自己那突然迸发的不可阻挡的求知欲，至于之后的事情，她暂时还没有想得太细，但也并不是完全没有想过。

在那个年代，女孩子十几岁便应该嫁人了，大姐若不是在十岁那年被相命婆算出不宜早嫁，如今一定早已嫁作人妇。大姐不宜早嫁，其他女孩的婚姻大事却不能耽搁，幼仪知道，不需要等到四年后自己毕业，家里就一定会为自己安排婚事，或许这事情已经在筹划中了。

幼仪不想过早结婚，早在她十岁时得知自己会跨过大姐，成为张家第一位出嫁的小姐时，她的心里就有一丝不情愿。出来读书之后，她的眼界开阔了许多，思想也比之前先进了许多，便更不希望自己像早些时代的女子，早早结婚，为夫家生一个又一个的孩子，然后过起相夫教子的生活，整天围着丈夫和孩子打转。她希望自己的生活能够有更多精彩的经历。

喜欢考虑明天的幼仪整日和从来不担心将来的大姐生活在一起，看着她每天就那么过着悠闲的生活，心里也有些许羡慕。但她羡慕的并不是大姐的玩乐，而是大姐可以不用过早出嫁，可以有很多的时间和精力去做自己想做的事。羡慕的同时，她也有些担心，虽然大姐是去陪她读书，但更多的时候，是她在照顾大姐。不知道是不是在缠脚的同时，灵魂也被束缚了，大姐的心智一直不够成熟，考虑问题时非常单纯，不会也不愿多考虑一些，一遇到麻烦就会不知道怎么办。幼仪却恰好相反，她习惯了事事考虑周密，所以即使多年后大姐出嫁了，她仍然没有放下对大姐的担心。

常言说"宁拆一座庙，不毁一桩婚"，幼仪却不这么认为。不幸的婚姻让她更加懂得，与一个适合自己的人在一起才能幸福。大姐出嫁时，幼仪已经离婚，思想也变得更加成熟，她认为大姐的丈夫并不适合大姐，曾劝过大姐不要嫁给那个人，大姐却丝毫听不进去，她只知道自己要嫁的人很有钱，可以让她买很多好东西。几年后，大姐的丈夫迷上了"推牌九"，将家里输得一干二净，直到他去世，大姐才终于从不幸福的婚姻中解脱出来。

什么样的因种什么样的果，幼仪不幸的婚姻是家里安排的，大姐不幸的婚姻却是她自己导致的。一个人的学问多少与他能否获得幸福并无太大关系，而一个人的思想是否成熟却能主导一个人的幸福。无法说大姐是否因为无心向学、无心放开自己的眼界才走到了这地步，但倘若她当时也去好好体验那西式学堂中除了学问之外的一些细微的东西，或许起码会过得更洞明。而幼仪若是不挣脱了灵魂上的枷锁，也不能有日后的那番成就吧！

封建发酵的婚姻

在中国传统礼教中，依照父母之命嫁娶也是"孝"的一种表现。在旧式中国家庭里，婚姻嫁娶是父母之命，由不得子女一点儿不情愿，更不要说反对。不同于现在恋爱自由，婚姻讲究你情我愿，那时的婚姻完全由父母做主，即使真的不情愿也毫无用处。在正式结婚之前，将要结婚的男女不可以相见，否则便会坏了规矩。很多女子往往在全然不知情的情况下便被许了人家，直到成亲那天才亲眼见到丈夫的样子。

在张家，这样的习俗也延续了下来。张家的几个孩子在结婚之前都没有见过对方的样子，甚至连对方的家庭状况都不知道。他们只知道，既然人是父母选定的，就必然是适合自己的，作为子女，只能无条件相信。结婚当天，两个彼此没有感情的人第一次见面，就要成夫妻之礼，尴尬多少会有一些。然而结婚之后，夫妻双方渐渐通过交流，了解对方的事情，渐渐学会了如何相处，感情也就渐渐地培养起来了。

无论包办婚姻的结果如何，是好的多还是坏的多，有个观点在当时确实是合乎常理的，那就是在当时，想要通过自己的力量找到对的人实属不易。通过长辈认识的人往往比较可靠，因为长辈的阅历决定了他们看人比较准确，能够透过外表看本质，这也就不那么容易被一些花言巧语所迷惑。

幼仪在十岁时便知道自己可能会嫁得比较早，却没想过这一天来得这么快。1913 年，在苏州女校读二年级的幼仪放假回到家，第一次在客厅见到了自己将要嫁的人的样子。之所以说她见到的是对方的样子，是因为她见的只是一张照片，并不是本人。照片放在一个银质的相片盒里，盒子很精致，打开盒盖，一张薄薄的相片就展露在幼仪眼前。那是一个看上去很斯文的年轻人，他的头有些大，下巴有些尖，一副圆形镜框的金丝边眼镜使他看起来书生气十足，又透着些灵气。

打开盒子前，幼仪便多少预感到一些，当看到盒子里有一个陌生男子的相片后，她便彻底明白了。相片上的人给人感觉很清秀，至少看起来不讨厌，幼仪暗暗松了一口气。她想，若这个人是位莽夫，或者一副奸诈狡猾之相，那接下来的日子可真要难熬了。

父亲问幼仪对这个人的印象如何，表面像是征求幼仪的意见，但幼仪知道，自己的意见其实并不重要，无论她说喜欢或不喜欢，最后都要嫁给这个人。"我没意见。"幼仪想了一下，静静地合上盒子，小心地回答。听到女儿这样说，父亲很满意，既然已经谈好，接下来便要与对方家长商量具体事宜了。

从这一天起，张幼仪有了未婚夫，他的名字叫徐志摩。

另一边，徐家也给徐志摩看了张幼仪的照片，徐志摩只看了一眼，便露出了不屑的表情。徐志摩对张幼仪的评价是"乡下土包子"，对于看惯了名媛淑女、接触过许多上流女子的徐志摩而言，这样的一个女子根本不适合他，也不配做他的妻子。因为天性以及在家中的地位，他不像张幼仪一般小心，而是直接向父母表示了自己的意思，他不喜欢这个女子，不愿与她结婚，可是他的反对并没有起作用。父亲早在张家提议让两个孩子成亲之时，便同意了这门亲事。而代表张家向徐家提亲的，是幼仪的四哥张嘉璈。

四哥张嘉璈自从在邮传部找到一份稳定的工作后，每个月都会向家里上交薪水，与父亲一起承担养家的责任，然后，他也开始参与家庭决策。三年前母亲会让相命婆为大姐相命，便是因为张嘉璈提议，应该让家中那些未来不定的女孩子早些完成婚事。如今，挑选徐志摩为幼仪的丈夫也是张嘉璈的意思。

原本，这样的大事应该由父母做主，即使父母将责任向下一辈托付，按照"长兄为父，长姐为母"的原则，也应托付于幼仪的大哥。可是大哥自从被冤枉之后，意志一直比较消沉，虽然生意上还算顺风顺水，整个人却一直打不起精神，最后竟然沾上了鸦片。若是将责任交托给这样一位兄长，不但不易于得到对方的信任，也有损张家的声誉。后来，考虑到张嘉璈无论在学识、身份地位还是影响力方面都比较出色，父亲便彻底将为幼仪选丈夫的事情交给了张嘉璈。

张嘉璈与徐志摩因一篇文章相识。那一年，张嘉璈在浙江都督府担任秘书，在对当地学校进行视察的时候，一篇名为《论小说与社会之关系》的文章深深打动了他，令他久久不能忘怀。这是一篇文言文与白话文并用的文章，作者是杭州府中学堂的一位学生。

梁启超在当时的地位非常出众，许多学生都想要模仿他的风格进行写作，却多是只得其皮毛，不得其精髓。这篇文章的精妙之处在于无论文笔还是风格，都颇有梁启超的风范，虽然明知是模仿，却又没有丝毫刻意的痕迹。张嘉璈曾翻阅过上百份模仿梁启超文风的文章，能够模仿得如此惟妙惟肖的，仅此一篇。

这位学生还写了一手好字，文章是用毛笔书写的，每一笔的力度和运笔都恰到好处。一横、一竖、一撇、一捺、一点、一折、一勾，都令这个人的才气尽显无疑。学过书法的人都知道，见字如见人，一个人在写书法时的心境如何，直接决定他的字呈现出什么样的感觉。一个心浮气躁的人写出的字必定不够沉稳，一个小心谨慎的人写出的字必定缺少张力。张嘉璈从这位学生的字迹中看到了他的眼光和操守，不由得打听起这位学生的家庭情况来。

原来这位学生叫徐志摩，是浙江海宁徐家的独生子。徐家是当地的大户，家境殷实，身家清白，为人正直，性情谦和；徐志摩自小才华出众，考入杭州一中后表现也一直很优秀。张嘉璈听后甚喜，连夜写信向徐家提亲，希望能将自己的二妹嫁入徐家，做徐家的媳妇。由于张嘉璈在当地有着较高的声望，徐家也很乐意与张家结亲，便以一纸短笺与张家定下了两个孩子的婚约。

徐志摩的父亲徐申如非常有生意头脑，他以独特的眼光将生意做得顺风顺水，深受当地群众的尊敬和崇拜。而在他心中却一直有一个遗憾，便是家中不曾有人取得过功名，一连几代都是如此。对他而言，若是能够与一家名门望族结亲，徐家的地位必然能够得到提升，以后的生意也会更加顺利。张嘉璈提亲后，徐申如心中甚喜，立刻同意了这门亲事。

徐家的回复只有一句话"我徐申如有幸以张嘉璈之妹为媳"。张嘉璈收到回复后，便马上将这一喜讯报给家里。张家上下除了幼仪，每个人都感到喜悦，认为幼仪能嫁入这样一个好人家，张嘉璈功不可没。

在正式订婚之前，还有一件事也是必不可少的，就是请相命婆为孩子算上一算。那时的人比较相信八字之说，如果要结婚的两个人八字不合，纵使对方的条件再好，也是万万不可结合的，否则很可能发生人命。有了大姐那次不愉快的回忆，当相命婆为幼仪和徐志摩合八字的时候，幼仪的母亲心里一直悬着一块石头，不停地祈祷着不会有问题。

当相命婆说"我喜欢这家人，是非常好的人家"时，幼仪的母亲心里还比较轻松。可是接下来，相命婆说的话却又让母亲感到憋闷了。相命婆仔细研究了幼仪与徐志摩的八字，认为幼仪的属相和徐志摩的属相不相配，婚后容易出现问题。如果幼仪属狗，那便能与属猴的徐志摩幸福地生活下去。母亲与相命婆商量了很久，为了让幼仪快些嫁出去，最后她们决定，更改幼仪的属相，然后对外声称二人的八字显示这婚姻是天作之合。于是，原本属鼠的张幼仪从那一天变成了属狗。

待张幼仪老了之后，再回想起这件事，不由得感叹命运的捉弄。对张幼仪而言，这场婚姻中有很多谜团，这些谜团困扰了她一生，直到年老后仍然为更改属相的事情纳闷。她好奇相命婆是不是早就算出了这场婚姻的结局，好奇母亲为什么没有像对待大姐的事情一样，听从算命婆的意见，不让她嫁进徐家。

她认为，没有人能逃得过命运，是命运不想让她嫁入徐家，所以即使改了属相、隐瞒了事实，老天还是看到了。若是当初母亲和相命婆没有改掉她的属相，她没有嫁到徐家，之后的很多事情都不会发生。

很难说，张幼仪在婚姻中经历的一切是不是命中注定，是否真的因为他们人为地隐瞒了一些事实，才会造成最后的结局，我们只知道，若真是那样，或许一切后续故事都会被改写。

精致的嫁妆

命运已始，运转不息。一只脚踏入了命运的旋涡，另一只脚早晚也将踏入。此时，一个人虽然不愿接受命运的安排，却并没有被这命运影响他的生活，仍然我行我素；另一个人却在努力做着不停的挣扎，虽然明知挣扎无用。

相命婆将婚期定在 1915 年 11 月。在这期间，徐志摩将继续在学校学习，而幼仪则要提前结束学业在家中准备出嫁。待到徐志摩中学毕业后，婚礼就会如期举行。张家和徐家两家的家长都为这一安排感到欢喜，而听说家里的安排后，幼仪的心里却泛起了一阵失落。若是那种在封建礼教中成长的女子，能够嫁入这样的家庭，应该也是喜悦的。可幼仪不同，她是那么热爱读书，那么热爱学校的生活，让她这样为了一门并非己愿的婚事而放弃自己内心真正热爱的东西，她怎么可能忍心呢？

定下婚期时，张幼仪距离完成学业还有一年半的时间，她多希望自己好不容易得到的这次求学机会能够有个圆满的结果！可是，即使她将这些话喊出，也没有人会在意，更不要奢望有人会去听她的心声了。那经过无数次努力才争取到却未完成的学业，那只要再坚持两年半便伸手可及的小学师资证书，即将成为一个永远的遗憾，遥遥地定格在 1913 年的暑假。

她听说自己未来的丈夫才华出众，是个有学问的人，想以此为理由，让家人允许自己多读些书，好让自己婚后能与丈夫多一些共同语言，而家人的一句话打消了她所有的希望："女孩子家活着就是为了结婚，你得留在家里准备接受命运的安排。"

在长辈们的心中，仍然还保留着旧时期对女子的要求，女子只要听话、孝顺夫家长辈、性情温和，就能够让丈夫满意，让夫家满意，至于是不是有学问，有没有读过许多书，对婚姻没有任何意义。毕业又如何？取得小学师资证书又如何？一个嫁了人的女子，是不宜出去抛头露面的。在学堂里教书，即使听起来比较体面，可还不是要每天穿行于街巷，与许多男子在同一个空间里工作？若是工作了，怎么能有时间去照顾家庭、服侍丈夫，怎么能成为一个合格的妻子？

幼仪并没有放弃，她试图劝说父亲许多次，最后，父亲终于同意她再多念一年，而同意的原因却是因为大姐。那一年，幼仪的大姐还没有到可以出嫁的年龄，父亲也知道大姐的性格，她喜欢享乐，不愿努力，如果让她一直在家中，她只会懒懒地待在家中，或者玩乐，既然这样，还不如让她去上学，至少她可以有点事情做。可是，大姐也不愿意去读书，她本来就是为了陪幼仪才去学校，如果幼仪退学，她也不要再继续留在那个枯燥无聊、饭菜又不好吃的地方。大姐又一次成为幼仪的保护伞，帮她渡过了一个难关。

幼仪回到了学校，家中却开始忙碌起来。张家第一次嫁女儿，必然要风风光光、体体面面，不能让人看了笑话。幼仪的嫁妆是她的六哥从欧洲采购回来的，当那些高档的沙发、手椅、桌子，以及各种功能的柜子出现在幼仪面前时，幼仪感到十分震惊，一时间，她还以为自己走进了国外某家家具店，周围那些熟悉的墙壁却提醒她，她还置身于自己的家中。

这些家具实在太过豪华，与当时上海那些常与洋人做生意的有钱人家中摆设的不相上下。那沙发松软得让人一坐下去就不想起来，那陈列柜上的玻璃晶莹剔透，那大大的橱柜足以装得下几个人，那大大的桌面光滑得能反得出光来……除了家具，嫁妆中还包含了张幼仪和徐志摩结婚后可能使用的碗盘杯具等，这些东西在运送之前就已经按照可能的使用方式与家具放在了一起。为了运送这些豪华的家具，张家不得不雇了一艘用来负责内河货物运输的驳船，在当地轰动一时。

虽然只剩下一年的时间，仍然不能完成学业，但是对于幼仪而言，这已经是不幸中的万幸。回到学校，幼仪更加珍惜剩下的时间。幼仪的想法有些天真，她希望能够在有限的时间里多学些东西，希望让自己的头脑变得更加充实。她清楚地记得，在自己离开前，老师们看向她的眼神都是赞许的、欣赏的，平日里一提起她，老师们的声音中都透着得意，似乎有幼仪这样用功的学生是件值得骄傲的事情。

令她没想到的是，回到学校后，很多事情都变得不同了。学校的老师看到她的眼神变了，对她的态度也柔和了。或许，与其说是柔和，倒不如说是少了些期望、在意和骄傲。就连她答错了问题，老师也不再用大戒尺狠狠地敲打桌面，大声地问她怎么可能做错。她在老师的眼中，看到了用来对待大姐的眼神，那是一种不关心、不在意，是一种无所谓。这令她的心中有了一丝慌乱。

这不是幼仪想要的。她像以往一样拿着课本去请教老师问题，老师却只是一带而过，像是敷衍一般。直到某天，一位同学好奇地问她为什么还要回到学校，既然已经订了婚，学习这种事情就已经没有必要了，而且老师们也不会为订过婚的学生付出太多心思，因为即使她们能够毕业，取得证书，也不可能真的成为一位老师，既然如此，何必还要花费那么多的时间和精力呢？

这时幼仪才明白，原来在老师们的眼中，订过婚的学生已经不再属于这所学校。而对于许多同学而言，来学校读书，只是能够让她们在出嫁时多一点儿体面，这也是为什么学校中许多同学只是按部就班地上课下课读书，却很少有人真正投入地去学习的原因。

这一刻，幼仪真的失望了。她没有想过，自己的梦想竟然只是一只木偶，而控制木偶行走的线却牵在其他人的手里。尽管如此，她还是尽力给它涂上美丽的颜色，至少，若是某天，它能够回到自己的手中时，会将最美好的一面展示出来。时间一天天过去，校园中的树黄了又绿，绿了又黄，离开的那天终于到来。离校的那一天，大姐心中满是喜悦，终于可以回到家中，过舒服的日子，吃美味的饭菜。幼仪的心中却有别样滋味，不舍、无奈、伤怀，最后都只化为一个转身，将一切留在了背影之中。手中的箱子变得好重、好重。

幼仪回到家中时是9月，嫁妆已由她的六哥采购好并送往徐家，不需要她操心。她要做的准备，无非是乖乖待在家中，温习一些应有的礼仪，以及将她那颗渴望走出去的心收起来。

幼仪的六哥小心地将家具护送到徐家，然后立刻写信给焦急等待的张家人，告知他们一切平安。并告诉他们，徐家在当地既有身份，又有地位，是"猪群里的一头牛"。等他返回张家后，他又将徐家的具体情况一一向父母汇报了一番。幼仪的父母听说未来亲家是硖石商会的会长，拥有一座发电厂、一个梅酱厂、一间丝绸庄，还在上海开了一家小钱庄，从来没有遇到过经济上的困难后，他们更加相信这门婚事是正确的。

在过去，女子出嫁时都要有嫁妆，嫁妆只属于女方自己，夫家不得动用，这样一方面为了女儿嫁到夫家后能够过得好一些，万一遇到经济上的困难，这些嫁妆便可以成为应急的物件，或变卖后贴补家用；另一方面为了让夫家见到自家的经济实力，以便对女儿更加重视。如果女方的嫁妆过于简陋和寒酸，嫁到夫家后很容易被对方看不起，认为女方配不上男方，要吃的苦自然也就会多上许多。

在看到张家送来的嫁妆后，徐家同样更加确定这门婚事是正确的。当幼仪的六哥带着工人护送着一件件装满了织品、杯盘等物件的家具在硖石穿街过巷时，整个硖石镇的居民都震惊了。镇上的人第一次见到如此高档的家具，都想凑到跟前仔细看一看、摸一摸，被挡在人群后面的看不到，于是用力向前挤，人流的动荡让抬家具的人有些走不稳，差一点儿把家具掀翻。

徐家在硖石镇本就名气很大，徐志摩的父亲更有"硖石巨子"之名。镇上的人都认定徐家娶的既然是一位大户人家的千金小姐，那无论人品还是样貌，自然都是一等一的，便对未过门的新娘子有着强烈的好奇心。张家听六哥描述了运送家具时的场景，一边欣喜张家的地位得到了宣传；一边担心幼仪出嫁当天也会如这些家具一般被镇上的人堵住围观。为了避免发生意外，张家决定，让幼仪简装出发前往硖石。

第四章

孤独·新娘·欢喜结霜

硖石少年，翩翩才子

　　硖石坐落于浙江省，是一个不算太繁华的小镇，从字面意思上便可以理解，这里是一个"多石的峡谷"。1897 年 1 月 15 日，一代才子徐志摩就出生在这里。这里盛产的龙井茶，用山中涌出的泉水沏泡，便可以呈现出最完美的香气和味道。从上海到硖石的火车会经过一片片水稻田，田间可以看到农夫们忙碌的身影。火车铁轨旁的斜堤上生有豆苗和瓜藤，弯弯曲曲，轻柔地缠绕蔓延。火车飞快地行驶着，窗外一排排桑树优雅地向后倒退着，仿佛一群排着队退下的宫女。桑树下是年轻的采桑姑娘，她们将桑叶采下，再带回去将那些蚕宝宝喂得白白胖胖。

　　徐志摩名章垿，原字槱森，"志摩"是父亲徐申如在他 1918 年赴美留学之前为他改的字，希望他能借字中的寓意成为杰出英才。

　　徐志摩自小聪慧，四岁便开始在一家家塾跟着一位名师学习古文，老师名为孙荫轩，时常对徐志摩在古文中所展现出的天赋称赞不已，说徐志摩"初学聪明超侪辈"。当时，中国正在进行新旧学制的交替，孙荫轩对徐志摩进行的是完全的传统启蒙教育，教授的内容无非是些"之乎者也"，以及一些枯燥的词语。时间一久，徐志摩便不再对他教的东西感兴趣了，他开始时常看着窗外走神，或者在下面做鬼脸，逗同伴们笑。孙荫轩发现徐志摩在调皮，却也舍不得用对待其他孩子的方式吓唬他，便罚徐志摩朗诵或背诵文章。

徐志摩跟随孙荫轩学习了一年，家塾换了老师，他便跟着新老师继续学习，一学就是六年。新老师姓查，出身名门，古文功底深厚，只是人特别古板，性格也有些怪异，以至于后来徐志摩思考为什么自己与父母性格完全不同时，会想自己是不是受这位老师影响太深。

1907 年，徐志摩在硖石开智学堂开始了小学生涯。这是一所新式学堂，所教授的许多科目都是从西洋引进的学科，如英文、自然、科学等。许多学生初次接触，都感到有些头痛，而这些新鲜的东西却刚好符合徐志摩的喜好。徐志摩对这些学科兴趣很大，吸收也快，虽然上课的时候从来不认真听讲，却能很轻松地将这些科目学得很好。班上的同学们都非常羡慕他，说他简直是位"神童"。毕业典礼上，他的父亲还作为优秀毕业生家长被请上了贵宾席。

1910 年，徐志摩进入杭州府中学读书，许多聪明的孩子都活泼好动，徐志摩也是这样一个学生，他很聪明，也很淘气。曾与徐志摩同班的郁达夫说，徐志摩平日里总有些奇特的想法，不一定什么时候就突然之间做出一些引人发笑的事情。上课的时候，徐志摩也总趁老师不注意的时候开小差，和其他同学聊天、嬉闹，有时还会突然很大声地笑起来，即使被老师发现他也不在意。老师见徐志摩学习成绩优异，命他担任班长的职务，本以为这样可以让他稍微安分一些，不再调皮，没想到徐志摩根本不在意班长的身份，依然我行我素，老师也拿他没有办法。

小时候的徐志摩不喜欢读书，却特别喜欢读小说，各种各样的小说他都喜欢。只要是读过的小说，他都能将内容复述出来，并且能够分辨出哪些写得比较有趣，哪些写得比较枯燥。他还擅长模仿各种各样的写作风格，每次作文都能够拿很高的分数。那篇令张嘉璈一见就不能忘怀的文章《论小说与社会之关系》是他一生之中第一篇正式发表的作品，发表于中学的校刊上。

徐志摩十五岁时已经是诗书满腹、才华横溢，仅看他写的文章、听他的谈吐，感觉已经与那些成年学者无二。班上的同学佩服他的博学，称他是"两脚书橱"。但在徐志摩的心里，却完全是另一番景象。徐志摩的身上一直有着孩子般的天真和直率。他聪明活泼，喜欢新事物、新思想，不在意世俗的规矩和评价。在很多人眼中，他就是一个长不大的孩子。他的父亲为他选择了张幼仪，除了考虑到地位和家境，还有一个原因也是听说张幼仪自小踏实严谨、沉稳能干。徐申如希望这样一位女子嫁到家中，能够帮助儿子收敛起那些顽皮和不安分，渐渐成长起来。

很多时候，家长的意图并不能让孩子理解和接受，不被孩子认可的好意，即使做得再完美、再周到，孩子也仍然会表现出排斥的心理。当时的徐志摩虽然无法反抗家庭的安排，但那也仅仅因为他从小受到的教育让他明白，遵从父母之命娶亲也是一种孝顺。何况当时的他还没有遇到真正能令他心动的女子，所以他只是表面上接受了家人为自己挑选的妻子，在心里却止不住地排斥。

徐志摩接受了许多新思想，他本就不喜欢这种包办婚姻，何况张幼仪离他心目中的美女还差得很远。可以从徐志摩之后爱上的两个女人的面容上看出，他喜欢的女人，至少要样貌清丽、皮肤白皙、朱唇皓齿，眼神如水波流转，而张幼仪的皮肤有点儿黑，嘴唇较厚，看上去线条较粗，缺少了一种女性的柔美，这完全不符合徐志摩的审美观。

更何况，徐志摩是一个活在感情世界里的人。对徐志摩而言，爱情和自由是他生命的主旋律，他需要一个有情趣、懂风情的女子在他身边，陪着他一起赏风花雪月，一起谈论文学和艺术，而张幼仪却是一个以家庭为重的女子，她从小受到的教育让她虽然向往自由，却更习惯顺从和约束，至于爱情，她并不曾明白，这样一个女子，纵使再温顺、再得体，也难以让徐志摩有一丝心动。

张幼仪并不知道这些，到达张家前，她还庆幸自己要嫁的人和哥哥们一样，既崇尚传统礼教，又接受先进思想。她想，徐志摩一定也是一位有责任心的男子，等他出国学成归来，一定会有很好的仕途，成为一名好丈夫。

婚礼举行前，幼仪在一位已婚的堂姐的陪伴下到达了硖石，将要成为她新家的地方。在开往硖石的火车上，张幼仪一边欣赏着沿途美丽的风景，一边想着到了夫家要如何说、如何做。为了不在镇上造成轰动，她只带了一些随身物品，没有带太多会暴露她身份的东西，连坐的轿子都格外低调。一般来讲，新娘乘坐的应该是罩着红缎的花轿，花轿的门帘上还会绣有代表婚姻幸福的蝴蝶、代表婚姻坚贞的鸳鸯等各种有着美好寓意的图案。张家担心花轿太过招摇，于是命幼仪和堂姐下了火车后，挑一顶最普通的轿子乘坐，直接去徐家事先为她们租好的房子。

按照习俗，一对新人在正式成亲之前不可以见面，否则不吉利。由于张家距离徐家太过遥远，徐家便事先在硖石为张家租下了一座小院子，以便张家人到来后可以有地方落脚，又不会坏了规矩。徐家还在院子里安排了一切用人，用来照顾张家人的起居。

一下火车，幼仪便看到火车站的门口聚集了很多人，大家都在迫切地张望，想要第一时间看见徐家的新娘长成什么模样。幼仪和堂姐快速走到离她们最近的一顶轿子前，在轿夫耳边轻轻说出了目的地。幸好这位轿夫不是个多事的人，虽然一听目的地就猜测出这两位女子是什么人，却也没有言语，直接抬着幼仪姐妹二人向目的地出发了。

就在幼仪和堂姐以为一切顺利，正准备松一口气的时候，不知轿外的什么人认出了她们，并喊上其他人一起跟在轿夫身边跑了起来。最终，幼仪还是被这群人一路跟着到了目的地。所幸的是，这群人不算多，而且他们只是紧紧地跟着，并没有拥挤，张家人担心的事情并没有发生。

幼仪和堂姐到达房子之后，受到了徐家用人妥当的招待，她们这一夜就这样住下了。第二天下午，张家其他人也到达了硖石，与她们同住，冷清的小院一下子热闹了起来。

　　按照规矩，举行婚礼的前一天晚上，新娘家人需要请新郎吃晚饭，并在席间正式表示愿意把女儿交给对方。这期间，新郎和新娘仍然不能见面，所以新郎来的时候，幼仪必须回避，从头到尾都不可以露面。可是幼仪却不愿意错过这样一次能够见到未来丈夫的机会，虽然父母命她在房间里待着，她还是偷偷叫上堂姐溜出了房门，躲在楼梯顶端的扶栏后，忐忑地等待徐志摩的到来。

　　那天晚上是张幼仪第一次看到徐志摩本人，虽然看得不太清楚，但是幸好，与照片上相差并不大，没有不得体的地方，也没有缺陷，这让幼仪放心多了。

沉默的花烛

　　楼梯扶栏后那偷偷的一瞥，只是打消了心中的疑云，并未在心中种下爱慕的种子。那一瞥短暂至极，她还来不及仔细端详，那人的身影便消失在了饭厅门口。之前担心他会找人代替，担心他其实丑陋无比或身有缺陷，如今可算是放下心了。那清瘦的身影，在幼仪的心中留下了一抹淡痕，她不懂那感觉是什么。毕竟那时的她情窦未开，只是一名不懂什么是爱，也不懂什么可称得上英俊的单纯少女。只想着他还不算太丑便好了。

无法同桌用餐，幼仪不知道晚饭时具体发生了什么，也不知道父母和兄长们与徐志摩谈了什么，她只好回到房间里等。等待的时间好像很漫长，但事实上，晚饭结束得很快，没过多久，她的哥哥们便去叫她，告诉她徐志摩已经走了。从哥哥们的语气和表情中，她看得出，他们对徐志摩非常满意，连他的紧张都被他们看作谨慎和稳重。最满意的是四哥张嘉璈，与徐志摩简单地交谈后，他更加确定，自己选择的这个年轻人是一个会有大作为、会待妹妹好的人。

　　第二天就是婚礼。一早，张幼仪便静静地坐在房内，任由堂姐为她做最后的装扮。她从未有过这样的体验，当堂姐的手一次次在她脸上细细涂抹，又一次次从她脸上轻轻扫过，她感到一丝清凉，也感到一丝酥麻。当一向素面朝天的她看到镜子中化过妆的自己时，她惊讶了。那些白粉将她原本有些发黑的肤色变得雪白，粉红色的胭脂又让脸颊多了一些血色，看上去有点儿娇羞、有点儿生动。乌黑的长发被盘成了花形的圆髻，紧紧地贴在脑后。

　　堂姐称赞幼仪美得像"腊雪中的一朵寒梅"，幼仪感到有些不好意思，但很开心。她再次望向镜子中那个自己，朱唇轻启，墨眉轻扬，但马上就被堂姐制止了。堂姐告诉她，一个新娘应该含蓄端庄，在整个婚礼过程中不能笑，也不能言语。听过堂姐的话，幼仪急忙闭紧嘴唇，可是堂姐再次纠正她，嘴唇不要闭得太紧，嘴角不要向下，表情要平静，眼神要平和，这样看上去才大方得体。

　　女子初嫁，有哪个不是不安中透着期待、兴奋中透着紧张？那心情说是平静，却也起伏不停；说是激动，却也有些木然。幼仪努力让自己复杂的心情渐渐平静，轻轻地吐了一口气。

出门前，幼仪的堂姐和母亲为她最后一次整理结婚礼服。幼仪看着自己一身红白混合的粉红色纱制礼服，感觉有些不自然。在当时，女子结婚一般都会穿大红色的喜服，自己身上穿的这件是用纱制成的，有很多层，她不知道这应该被称作什么。那礼服很像现在的婚纱，一条金线绣成的龙盘在最外层的纱上，走路的时候仿佛会动，活灵活现。这套礼服是应徐志摩的要求而特制的，只因他要求自己的新娘是新式的新娘。

戴上头冠，缓缓走下楼梯，走出家门，一顶花轿早已准备妥当。那红红的花轿看上去很气派、很喜庆，仿佛只要踏进去，就能将轿子里的人载往一片充满幸福的新天地。眼前突然一片漆黑，那是母亲放下了幼仪的盖头，幼仪之前好不容易平静下来的心情，一瞬间又变得紧张了。眼前的漆黑，空间的封闭，让她置身于一个未知的空间里，她感到自己即将被吞噬，呼吸变得困难，身子不由得摇晃了一下。幼仪隐约听到母亲说："今天走路要抬头挺胸，有人会一直在这儿领着你。"之后，她便被一股力量扼住了胳膊，将她推入了轿子里。

鞭炮的巨响之后，一阵晃动，几声吹打，一串哭声，轿子便离开了地面，缓缓地前行。一路上，只听得声响，见不到光亮。幼仪不知道轿子经过了哪些地方，不知道沿途是怎样一番景象，但是听到外面的喧闹，她也知道外面的人一定很多。

街道两侧都是人，大人们抻着脖子望着，小孩子们吵着闹着，有几个孩子好奇地想要跑到花轿边，马上被家人拉了回去。镇上的人大概第一次见到这么庞大的婚礼队伍，每家两位举旗人走在队伍的最前面，旗子上分别写着张家和徐家的字样，之后依次是新娘的花轿，兄长们的轿子和女眷的轿子。乐师跟在女眷们的轿子后面，卖力地吹吹打打，一路上热闹至极。

徐家早已在门口张灯结彩，排好队，准备迎接新娘的到来。只是这一切幼仪全都无法看到。当轿子的速度渐渐变慢时，她知道，礼堂就快要到了。轿身微微下沉，最后落回了地面。轿子落地的那一刻，幼仪一直随着轿身摇晃的心，也略微感到了一丝踏实。幼仪的兄长们掀起花轿上厚厚的门帘，将幼仪扶出花轿，穿过大门，扶进了礼堂。进入礼堂后，兄长们将幼仪交给一位引领者，由引领者带着幼仪从客人们面前走过，最后走到她的座位前。

屈膝而跪，面前一团微弱的光芒让幼仪略感心安。那团光暖暖的，像家门口等待晚归人的灯，像夜空中指引方向的明星。她听到身边有人紧张地清了一下喉咙，原来，紧张的人不止她一个，那个即将成为她丈夫的人也是紧张的。想到这儿，她的紧张感竟然莫名地消除了一些。

一拜天地，二拜高堂，夫妻对拜，送入洞房。婚礼的过程连小孩子都会唱，可若真操办起来，却是个漫长的过程，仅向宾客行礼一项便要持续好几个钟头。虽然徐志摩想要一个新式的新娘，婚礼却仍然是传统的中式婚礼。婚礼开始时，新郎新娘需要站在两张红色太师椅前向所有的宾客磕头行礼，以表达对来宾的尊敬。主礼人不停地念着宾客们的名字，新郎新娘便要不停重复着同样的过程——双膝跪地，双臂前伸，额头接触地面，然后起身。他们根本没有机会去看面前的太师椅上坐的是谁，只是机械地重复着，若他们再没有力气去重复这样的动作，他们身后的人便会"帮助"他们，将他们一次次推下，再一次次拉起。

从平静到紧张，再从紧张到平静，然后再变得紧张。整个婚礼过程中，幼仪的心经历了前所未有的起伏。她不知道如何才能让自己的心一直保持平静，那实在太难了。当徐志摩的手触碰到张幼仪的盖头边缘时，张幼仪又一次紧张起来。她知道徐志摩之前也见过她的照片，却不知道徐志摩曾评价她"土包子"，她只希望当徐志摩掀起自己的盖头时，能看到自己最美丽的样子，能够对自己满意。

出门前，幼仪的堂姐嘱咐她，在婚礼过程中眼神都要格外收敛，不能与任何人对视，连自己的丈夫也不可以。事实上，即使堂姐不这样嘱咐，幼仪也会这样做，因为她实在没有勇气去直视她的丈夫。无论她的心中如何希望自己能够像一个新式女子一般，大方地直视自己的丈夫，可是当那一刻真正到来时，她却胆怯了。尤其是当她瞥到徐志摩那严肃的神情之后，她更加胆怯了。

礼成之后，来宾们说着笑着将新郎新娘送入洞房，却没有丝毫要走的意思。幼仪知道，他们是准备闹洞房了。一般闹洞房的时候，大概只要几个人对新娘进行性格上的试探就可以。可是由于婚礼当天，一场小伙阻断了开往上海的火车，许多宾客都没有办法当日离开硖石，于是到了闹洞房的时候，差不多所有人都想去凑个热闹。

幼仪静静地坐在洞房中间，任由周围的人对她说出一些戏弄的甚至不堪的话语，有的人让她唱歌，有的人让她跳舞，有的人提起她的裙子嘲笑她的脚，还有人提议让她把内裤的颜色给大家看。面对这些人的为难，幼仪一直隐忍着，没有一句话，她知道这种情况下，自己绝不可以表现出不悦，更不可以哭泣，否则会让娘家和夫家都感到丢脸。她将希望寄于她的丈夫。一般这种情况，丈夫应该站出来为妻子解围，维护妻子，可是当她悄悄地向周围看去时，却没有看到徐志摩的身影。

他并不在意，这是他的新婚之夜，他竟然一点儿也不在意，就这样将新娘扔在洞房里任别人嘲笑戏弄，而他自己则不停地出出进进，和他的朋友们插科打诨。幼仪的哥哥们实在看不下去，出面制止，闹剧才没能继续下去。

不知过了多久，宾客们终于退出了洞房，留下幼仪一人。又过了一会儿，徐志摩带着一群用人走了进来。一些用人整理了床铺，然后把一块白色丝帛铺在床的中间，另一些用人则将幼仪扶到梳妆台前，为她进行梳理更衣。

新婚之夜是一个女子一生中的重要时刻，幼仪期待徐志摩会对她说出一些什么，这样她便可以向他表达自己内心的感激和荣幸，以及会好好侍奉徐家的决心。可是她等了许久，徐志摩一句话都没有说，他只是静静地站在房间的另一头，等待着幼仪走上前。

那一夜，烛泪默默滴落，如同少女心中的委屈和无奈。那一夜，幼仪不再是那个懵懂天真的少女，她成了徐志摩的妻子。

砾石里细碎的故事

嫁入徐家的第一夜，张幼仪连睡眠都是稀里糊涂的，或许是白天太过劳累，最后她竟然不知是真的睡着了，还是太累才迷糊过去。当她再次睁开眼睛时，天已经快要亮了。

一觉醒来，浑身疼痛。身边转来均匀的呼吸声，小心转过头，看到一个面带孩子气的男子正睡得安稳，才知昨夜一切都不是梦。幼仪知道，自己已是夫家的人，从今日起，便要一切以夫家为重了。没有暖到心里的第一缕晨光，没有枕边人呢喃的呼唤，没有宠溺的微笑，没有温柔的问好，没有爱怜的注视。小心翼翼起身，身体上的疼痛让她不由得一震，前一天接连几小时的行礼对她而言确实是一场不小的折腾，让她的身体快要散架了一般。稳了稳心神，咬牙从床上坐起，露出身下洁白的丝帛。

那件绣有鸳鸯的红丝袍搭在一边，旁边是他的丝袍，想起前夜的一幕幕，幼仪有些尴尬。母亲从未与她讲过新婚之夜会发生什么事，所以她对夫妻之事一无所知。那夜，什么都没有发生，他只是那样躺在她身边睡去了。虽然，他与她已是夫妻。

幼仪轻手轻脚下了床，仔细穿好衣衫，坐在梳妆台前梳理头发。

穿戴完毕后，有用人来唤少爷和少奶奶，徐志摩也渐渐从睡梦中醒来。服侍丈夫起床，为他递过一件衣衫，他只是看了一眼，仍然是那种冷冷的眼神，看得幼仪心中一阵发慌。

新娘嫁到婆家后，早晚都要向公婆请安，这叫"晨昏定省"，在幼仪出嫁前，她的母亲便告诉过她。新的一天就这样开始了，时间到了，走进厅室，向端坐在那里的公婆行礼，道声早安，然后静静地站在那里等待公婆的吩咐。公婆的脸上露出了微笑，不错，确实是位知礼数的女子。

日子一天天过，幼仪也在一点点学，学习如何做一个男人的妻子，学习如何做一户人家的媳妇，学习如何掌管一个家庭的各种事务，像不小心掉落在石缝中的种子要慢慢学会生长一样。这过程中，免不了一些磕碰，却阻碍不了最终的破土而出和成熟。

在那个年代，出嫁不仅仅是嫁给一个男人，也是嫁给男方的家庭。讨夫家欢心是一位媳妇的必修课，一位媳妇如果无法让夫家的人满意，那么她就不是一位合格的媳妇。幼仪在刚入徐家时，因为不懂徐家人的喜好，也曾犯过傻。有一次，幼仪看到平时不进厨房的婆婆突然进到厨房煮东西，不知道是不是应该插手，就在一边傻傻地站着看，直到一位用人递给她一把扇子，示意她给婆婆扇风，她才反应过来，乖乖地站在一边扇风。从那之后，她便开始注意了。但凡婆婆想要做的事，她都尽力先做一步，若不需要她帮忙，她便在一旁静静地服侍。

进入徐家后，幼仪发现很多事情确实如母亲教她的那样，作为一家的媳妇有许多规矩。比如，只有在请安的时候才可以先于公婆开口，若是其余的时间里先于公婆开口，便是不礼貌；请安结束于公婆的允许，只有当公婆说可以退下之后，媳妇才可以退下；在公婆面前，无论什么时候都不可以衣衫不得体，也不可以披头散发，因为那样是不敬之举……总之，夫家的一切规矩都要遵守，夫家的人都要尊重，而自己的意愿和喜好，只能深深地埋在心里，不能有一丝表露。无论何时，夫家的意愿才是最重要的，若是那与自己的意愿相冲突，除了隐忍，别无选择。这些对于从小接受传统教育的幼仪而言都不是难事，她从小就是这样循规蹈矩长大的，何况，隐忍原本就是张家的原则之一。所以，当她初到硖石，想要独自出门看看却遭到徐家人的阻拦时，她便一句反驳没有地守在大院里。

礼教和规矩像一条无形的绳索，将幼仪牢牢地拴在这个家里。反正家中有许多家务需要她操持，公婆也需要她照顾，倒也不用担心闷得无聊。婆婆穿的鞋子都是她亲手做的，那细密的针脚，那精致的刺绣，无一不显示出她的用心。

只是，有些事情做起来还是没有那么容易。对于幼仪而言，最难的要数揣测公婆的心思。在娘家时，幼仪不需要主动揣测身边人的心思，因为他们会将自己如何想的明明白白地告诉她。然而，当她突然置身于一个新环境中，每日面对一群感觉陌生却对自己意义非凡的人时，她还是有些不知所措了。在夫家，他们于她是陌生的，她于他们也是陌生的，他们自然不会将什么话都明明白白地告诉她。何况，中国人喜欢将话说得模棱两可，这就更加让人难以琢磨。

不过，幼仪毕竟自小就是个细心的女孩子，这一点从她能在父亲开口之前观察出父亲的心意，在父亲提出添茶之前将茶杯斟满送到他面前就可以看出。嫁入徐家一段时间后，她也渐渐掌握了徐家人的爱好、性格和处事方法。她知道婆婆是个节俭惯了的人，所以过年时替公婆准备拜年礼物时，她往往会购买价格较高的礼物却向婆婆报上一个相对低廉的价格，以讨婆婆的欢心。有时她上报的价格竟然和购买的价格差了一半，至于那些不够的钱，都是从她平日里攒下的私房钱中拿出来的。

一个地方有一个地方的风俗习惯。在硖石，有一个听起来略带傻气的风俗，便是镇上的居民要在春节、端午和中秋期间互送礼物。送礼的过程很烦琐，每家都要送出四份礼，然后等着对方退回两份礼。对于现在的人来说，这是件很难理解的事，但是在当时的硖石，没有人认为这件事有什么费解之处，家家户户都是如此，若是有一家不这样做，反而显得奇怪了。一次，幼仪在这方面略微花了点儿小心思，便将婆婆哄得很开心，也解决了麻烦。就这样，婆婆越来越喜欢幼仪，待她如自己的半个女儿一样。

对于一家的媳妇，能够取得婆婆的信任和喜爱，那是极难的事情。张幼仪可以算得上是一位成功的媳妇了，而且徐家的人对张幼仪的印象都非常好，徐志摩的侄子说张幼仪"很有主见，也很有主张，且相当主动，既不会哭，也不会笑，是一个三主俱全的女强人"。可是徐志摩对她的态度却还是一如既往地冷淡，若不是父母总催着他快些给徐家添香火，他怕是连房间都不愿回，更不要说与她行夫妻之礼。在徐志摩眼里，张幼仪无趣、呆板、刻板，甚至死板，当所有人都在恭喜他们的婚姻，庆幸徐家娶了一位好媳妇的时候，他的心里除了苦闷，还是苦闷。

张幼仪一直相信，"这种婚姻并不表示夫妻之间没有爱情，他们的爱情是婚后才来的。先对公婆、夫家和配偶尽义务，爱情就会跟着来"。所以，虽然徐志摩总是对她不理不睬，她却一直用心待他。奈何徐志摩对她的体贴和理解完全不领情，每当她想对徐志摩表达自己的心意，徐志摩都会刻意避开。徐志摩甚至会排斥和她发生接触，在他背部感到痒时，他宁可命一位用人为他抓痒，也不肯让张幼仪帮他，幼仪本想主动一些，可是她看到徐志摩的眼神后，整个人便僵住了，那眼神中是不屑、是鄙视、是厌恶。

张幼仪是一个踏实能干的女人，也是一个懂得用心经营婚姻的女人，若是她能在年少时便遇到一个踏实可靠、重视责任、懂得珍惜她的人，她的一生或许就不会如此坎坷。可惜，她遇到的是爱情至上的徐志摩。她想事事周全，他却想放荡不羁；她想安定踏实，他却想风流浪漫；她想循规蹈矩，他却想别出心裁。这些都是她与他不同之处。

有时，幼仪想起新婚之夜徐志摩的表现和态度，想起那些埋藏在心里没有机会说出的话，也会感到一些寒心。只要他肯先开口，她一定会将心中的感动尽诉，告诉他她多么感谢命运的安排，让她成为了他的妻子。她并不是一个喜欢浪漫的女人，她对婚姻的唯一要求就是能够拥有丈夫的关心，至少，不要当她不存在。可是，徐志摩就连她这样一个小小的要求都不肯满足。他可以在新婚之夜冷落她，将与她行礼当成一种勉强的任务，为了减少和她在一起的时间，他每天一大早就出门，很晚才回家。最后，他竟然匆匆地申请了留学，彻底远离了这个家，远离了这个让他毫无兴趣的女人。

一个女人，一个从小就受着主流传统教育的女人，一个能够取悦夫家所有人，却唯独无法取悦自己丈夫的女人，她之前受到的那些教育，那些能讨主流社会喜欢的一切行为，恰恰成为了丈夫讨厌她的理由，这，究竟是命运，还是意外？

小脚隐藏的魔力

再坚韧的花朵也需要灌溉、需要呵护，否则便会一点点枯萎。十五岁的少女，花一样的年纪，就这样被圈在一个四四方方的院子里，哪里都不能去。抬起头，看到的天空永远是那么一小块，云儿经过，很快就飘走；鸟儿飞过，从不停留。身边的人，永远是那些熟悉的面孔，来来回回，从早到晚，不曾变换。心，渐渐变成了灰色；念头，渐渐变得单一；生活，渐渐变得单调。

除了陪伴婆婆，幼仪在家中做得最多的事情便是缝制鞋子。幼仪记得在宝山老家的时候，这种事从来不用家里的人动手，而是有专门的做鞋师傅去做。而在徐家，或是因为在穿鞋方面很讲究，或是因为徐家老太太节俭惯了，不愿花钱雇人，鞋子都是由家中的人自己动手制作的。

一双鞋子制作起来很简单，黑粗布的面，厚布纳的底，用结实的粗线连在一起，一双鞋子就做成了。复杂的是鞋子上的花纹，那是用真丝的绣线一针针绣出的。鞋子上的花纹各有不同，有的用来把鞋子装饰得更漂亮，有的用来寄托一份心思。给婆婆做的鞋子总是精致的，给自己做的鞋子则是随意的，既然不能出门，穿什么样的鞋子又有什么关系呢？只要看上去不太失体面便是了。幼仪这样想。

想回家看望父母兄弟，至少可以在家中寻得一点儿安慰，一点儿安心，可已出嫁的女子，就连这样一点儿愿望都是奢求。在乡下，闲话总是可怕的，像一把把无形的刀子，能够在不知不觉之中伤人。

幼仪初到徐家，丈夫不理她，公婆与她不亲，她思念父母，便每个月都回娘家。对于大城市中的人，这或许只是件平常事，没什么值得议论，可对于镇上的人，这事就变得不平常了，谁家的媳妇若是在新婚后时常往娘家跑，其中一定有些蹊跷。她一定和婆婆相处不好，她一定和丈夫相处不愉快，她一定性格不好，过于娇纵任性……当人们各种各样的猜测传到徐家时，徐家人便不悦了。

徐家是镇上的大户，在许多地方都有生意往来，徐家新媳妇经常回娘家，这话若是传了出去，定是要遭人笑话的。徐申如将幼仪叫到面前，命她节制一些，不要总往外面跑，没个大户人家媳妇的样子。何况，幼仪的那一双大脚每次走在镇子上，镇里的人都会在一旁窃窃私语，谈论这家的媳妇怎么有这么一双脚。从那以后，幼仪出门的次数便越来越少了，若非家中吩咐或应允，她再不踏出院门半步。也是从那次起，她与家人见面的次数越来越少，多数只能靠书信，与之前的朋友更是没了联系。

人以群分，物以类聚。与学者相伴，可开眼界，长见识；与商人相伴，可学经营，懂商道；与农人相伴，可学耕种，识五谷。由于不能经常出门，幼仪身边最常见到的人，除了公婆，便是家中的用人。公婆面前不能多言，那些用人便成了幼仪身边会和她说话的人。用人们的谈话，无非是些闲碎的言语，不是东家的长短，便是西家的多少。听得久了，心里也难免有了些想法。

作为一个只缠足三天的女子，幼仪不同于那些自小缠足的女子，也不同于那些从未缠过足的女子。在每一个群体中，她都算得上是一个另类。在缠过足的女性中，她太过于新潮；在从未缠过足的新女性中，她又太过于保守和传统。

也许第一次在大户人家见到没有缠足的少奶奶，用人们时常会表示惊讶和不理解。他们也和幼仪家的阿嬷一样，认为小脚代表了女人的美，也代表了女人的财富，只有小脚的女人才是完美的。家中用人时常向幼仪讲述的那些关于小脚女子如何受到男子青睐的传闻，让幼仪听起来有些向往。

用人们向幼仪讲，徐老爷常常会在夜间去茶室，直到凌晨两三点才回家。说是茶室，去的人却并不完全为了饮茶而去，许多男人在那里拼酒比赛，看一些小脚姑娘跳舞，拼酒比赛胜利的人还可以和跳舞的姑娘共度春宵。可以说，那里其实是一种夜间的风月场所，茶室的顶楼便是那些姑娘们接客的地方。

那些姑娘的脚都是从小忍受了无数次痛楚才缠成的完美形状，虽然行走起来很困难，却可以跳出诱惑的舞蹈。她们非常懂得如何魅惑男人，让男人心甘情愿掏钱给她们。每当她们迈着细碎的脚步跳舞的时候，花哨的丝鞋中的脚背若隐若现，男人们就看得如痴如醉了。她们的小脚是她们的财产，也是她们的资本，没有几个男人可以抗拒得了那对小脚，特别是在亲热的时候，男人们甚至会爱怜地将那对小脚放入口中，贪婪地吸吮。

类似的话听得多了，幼仪开始怀疑，是否当初没有继续缠足是错误的，如果当时自己也乖乖地缠了小脚，现在丈夫是否会对自己多一些关心、多一些亲密、多一些兴趣。出嫁前，母亲只教了她规矩和礼仪，至于如何与丈夫相处则没有告诉过她。她想，也许自己是一个完全的旧式女子，缠了小脚，或许多少还能有一点儿吸引他的地方。

每一位女人最终想要的，无非是一个安稳的家庭，一个能与自己相濡以沫的丈夫。家，于女人的意义并不在于奢华、不在于高档、不在于享受，而在于相依相托。相比于嫁一个有钱人，更多女人宁愿和一个关心自己、心疼自己的人一辈子生活在一起。互相理解，互相扶持，艰苦便不算什么了。

婚后，徐志摩只在家中待了几个星期，便逃一般跑去天津求学，之后又转去北京。徐志摩进了北京大学，幼仪的心里是欣喜的，也是失落的。她知道北京大学在当时全国有名，从那里出来的人，都能成为非常杰出的人，有很好的发展。可是这样一来，她与徐志摩便聚少离多，没有什么机会陪伴在他身边，自然也就更难了解他的性情和喜好。

没有一个女人受得了自己的丈夫总是不在家中，不肯接受自己的心意和感情。也没有一个女人受得了自己的丈夫每天睡在自己身边，却总是对自己一副漠不关心的态度。丈夫的冷落，对于女人往往是把利剑，能够戳破女人的心，让血流成河，让温暖的心渐渐变冷。

徐志摩离家后，不时会给家中写信，却从未在信中提及幼仪。徐申如每次收到信后都会将家人召集到一起，大声地宣读信中的内容。每一次，幼仪都非常希望能在信中听到自己的名字，哪怕只是淡淡地提到也好。每一次，幼仪都满心希望地从头听到尾，然后失望地回到自己的房间。徐志摩没有提过她，一次都没有。他不曾问候过她在家中过得好不好，不曾对她有任何嘱托，甚至不曾问过她是否好好侍奉父母，仿佛家中并没有她这样一个人存在。

终于盼到学校放假，徐志摩从北京回来。他只回应了徐家人热情的迎接，却忽略了幼仪那渴望的眼神。幼仪知道徐志摩在北京上学时与哥哥成了朋友，她以为，徐志摩最初对他的冷漠是因为不了解，既然认识了哥哥，哥哥自然会向他讲述一些自己的事，他对自己也一定多了些了解，这样，相处应该会容易许多。她再次试着对徐志摩表示亲近，却仍然没有得到任何回应。

学校放假的日子里，幼仪希望徐志摩可以在家中多停留一些时间，哪怕只是各做各事的也好。可是好多天早上，幼仪刚起来不久就发现徐志摩不见了。幼仪问了用人，才知道徐志摩坐着轿子去了别的地方，而她又不能出门，只好继续在房间里等着他回来。有时，她会觉得自己就像一块望夫石，虽然知道丈夫会回来，却不知道他什么时候回来，回来之后会待多久，什么时候又会突然不见。

有时她看他坐在院子里沉默，于是她也沉默。她等着他吩咐自己去拿杯茶或拿本书，可他要什么只会与用人说。幼仪就这样看着他，她的脑海中突然浮现起很久以前那个关于天上的姐妹的故事。原来，她没能成为太阳上的姐妹，也没能成为月亮上的姐妹。原来，她既不属于那个传统守旧的社会，也不属于这个新事物新思想每天都在萌生的社会。她不是新式女子，因为她缠过脚；也不是旧式女子，因为她的脚很大。

黑与白之间是灰，日与夜之间又是什么呢？太阳和月亮交替的时候，天空半明半暗。此时的世界，明暗不定，让人难以预知。幼仪的生活，也如那时的世界一般，不知下一刻是黑夜还是天明。

第五章

背影·守望·夺目冷光

来不及告别

孩子是生命的延续，是母亲的希望，是全家的幸福。它像降临到人间的天使，为一个家庭增添了活力和欢乐，让一个家庭中的人有了更多生活下去的动力和支撑。现在大部分家庭不再介意孩子的性别，无论男女都一样疼爱、一样关怀。在中国古代则不同，只有男孩子才是母亲的希望、依靠，是母亲生活的保障。

在古代，女人属于阴界，男人属于阳界，只有男性才能代表阳界侍奉阴界的祖先。男人为贵，女人为贱；男人为崇高，女人为幽深；男人为强势，女人为被动。这也是为什么一般逢年过节祭祖的时候多是儿子、孙子、曾孙为祖先上香，而不是由女儿、孙女、曾孙女担任。男人的责任是光宗耀祖，而女人的责任则是留下男人的血脉，不让男方家断了香火。若是没有了男子继承香火、侍奉祖先，祖先的鬼魂就会从阴界入侵到阳界，打破阴阳的平衡。

这种阴阳之说自然是迷信，可在古代，包括旧社会，大多数人都相信这种阴阳之说，也就自然将儿子看得特别重要。在皇室，孩子的性别决定了母亲的命运，多少妃嫔争先恐后地想要为皇帝产下皇子，就是因为产下皇子的妃嫔不但会受到皇家的厚赏，有的妃嫔还能受封。即使不能晋一个级别，至少也能够得到皇帝更多的宠爱。皇家如此，民间也是如此。母凭子贵，可以说在当时，女人是靠肚皮让自己能够挺起腰身做人的。生了儿子就能在夫家站稳脚跟，生了女儿则会一直被婆婆责骂，怪她无能。很多人家一心想要儿子，若是接连生了几个女儿之后又生了女儿，甚至会将刚出生的女儿送人或直接溺死。

《孟子·离娄上》里说："不孝有三，无后为大。"《十三经注疏》里说："不娶无子，绝先祖祀，三不孝也。三者之中无后为大。"徐志摩虽然从心里排斥张幼仪，却不能无视传统的礼教和父母想要抱孙子的愿望，在他回到家不久后，幼仪怀孕了。

幼仪起初并不知道自己怀孕的事情，母亲不曾教过她，她对自己的身体也没有过于留意。反而是徐志摩的母亲，自从徐志摩回家后，便一直关注着幼仪的身体情况。一天，幼仪在吃午饭的时候一直打不起精神，也没什么胃口，老太太看了她一会儿，便肯定地对幼仪说："你有喜了。"

幼仪不敢相信自己的身体里已经有了一个新生命。她的身体状况一直很好，除了没胃口、稍微有些疲惫之外，她并没有发现自己的身体有任何异样。可是老太太紧张得很，急忙叫了医生来为幼仪诊脉。当医生确定是喜脉之后，老太太高兴极了，再三嘱咐儿媳要当心身子。

幼仪的身孕成了徐家的大喜事，刚开始，她并没有出现太多孕妇会出现的反应，她以为是因为她小时候吃人奶一直吃到六岁，身体素质比较好的原因。可是没过多久，她便开始出现害喜的反应，吃什么吐什么，也格外容易疲倦，怎么睡都睡不够。

当知道自己的腹中有一个新生命，心里也有了寄托和新的希望。每个女子在怀孕的时候都会变得格外温柔、格外喜欢幻想。现在孕妈妈们会猜测肚子里的宝宝是男是女，会猜测他们能不能够感受到自己的想法，能不能听到自己说话。宝宝每动一下，孕妈妈们都会想，他是在伸胳膊还是在踢腿，是在向自己打招呼还是待得太闷想要活动一下。当时的孕妈妈唯一会想的却只有一件事，希望这个孩子是男孩儿。幼仪也是如此，她知道对于只有一个儿子的徐家来说，一个男孩子意味着什么。到了第四个月，害喜的反应渐渐平静了，肚子里面却开始有了动静之后，她时常感到做母亲的幸福感。

幼仪时常能感到肚子里那个小生命在动，第一次动的时候，她有点儿紧张，后来便习惯了。她想，这么活泼好动的孩子，一定是个男孩儿。她甚至想过，如果自己生下一个男孩儿，徐志摩是不是会对她多一些喜欢。她不求"母凭子贵"，她只希望丈夫能够在意她一些，让这个家更像一个家。她也曾担心自己会生下一个女孩儿，想过万一是个女孩儿，夫家会如何待她。但是随着孩子在她肚子里待的时间越来越久，她对孩子的感情就越深，也就越坚定了一个想法，无论孩子是男是女，她都会将他抚养长大。

现在的女子在怀孕期间都喜欢让自己的母亲照顾，因为任何人都不如自己的亲生母亲了解自己的喜好、包容自己的情绪。在那个年代，孕妇却只有在怀孕的最后几个星期才能见到亲生母亲。按照习俗，幼仪的母亲为她带来一捆婴儿衣服，她需要把衣服抖开，以确定生产会不会顺利。幼仪飞快地抖动着衣服，可是衣服并没有如她期望般飞散，仍然紧紧地捆在一起。母亲说，这意味着幼仪生孩子时会很困难，也会痛很久，幼仪则认为是母亲捆衣服的方式不对。

幼仪的母亲还为她准备了一碗特殊的米饭，米饭的下面埋着交替摆放的肉丸和水煮蛋，肉丸代表女孩儿，水煮蛋代表男孩儿。母亲递给幼仪一根象牙筷子，让她在米饭上随意戳一下，以预测她肚子里的孩子是男是女。这些做法听起来很滑稽，可在当时，很多人家都是这样做的，并对此深信不疑。幼仪戳起的是一个肉丸，母亲看到后满心失望。幼仪却不信这些，她认定自己肚子里是个男孩儿。"要是你给我普通竹筷子的话，说不定就有好结果。可是你给我的是象牙筷子，它们滑溜溜的，一戳就戳到肉丸，戳不到蛋哪！"幼仪向母亲强调。

怀胎十月，一朝分娩。生孩子是件非常艰苦的事情，也是一件危险的事。在没有剖腹产的年代，所有孩子都是自然生产的。一旦遇到难产，几乎所有夫家都会选择保孩子不保大人。有篇文章用三句话概括了旧时期大多数产妇在家中的地位，分别是："是男是女？""孩子怎么样？""大人怎么样？"有时，这三句话中的后两句都不会被问到，因为一些人家一旦听说生的是女孩儿之后，就会感到晦气，不再理会了。

幼仪临盆的那天，徐家人都紧张地站在院子里等着。产婆烧好了热水，几个人不断出出进进准备就绪，之后门便关上了。不知是不是因为那个预兆，幼仪生产的过程真的非常艰难，她感到有什么东西在努力挣脱自己的身体，却一直没有离开。撕裂的剧痛让她大汗淋漓，面色苍白，就快要喘不过气了。她真想快一些将这个孩子生下，可是孩子却好像一直犹豫似的，迟迟不肯出来。听到屋里的嘶喊，徐家人只担心着孩子是不是能顺利出生，没有人在意孩子的母亲是否能够平安。

后来，一阵剧烈的痛让幼仪痛得晕了过去，之后就什么都不知道了，连孩子的啼哭声都没有听到。唤醒她的是产婆的尖叫。"是个男孩儿！"产婆激动地尖叫着，一时间忘记了"刚生下的男孩儿不能让神明知道，否则会被神明带走"这一忌讳。

徐家人听说幼仪生了个男孩儿，也激动极了，急忙将象征喜庆的红鸡蛋分发出去，向大家报喜。他们进入房间之后，第一件事便是看孩子，之后才想起孩子的母亲还躺在床上，便又来向幼仪祝贺。

幼仪醒来后第一件事，就是伸手想要抱她的孩子，可是她实在太虚弱，只能由产婆将孩子抱到她面前看了一眼。当她看到那小小的生命在襁褓之中闭着眼睛大哭时，她感到自己的生命又被点燃了，以后的生活中，有了重心，有了寄托，有了新的目标。虽然他还只是那么小，小得除了哭什么都不知道，她却已经对他有了期望，或者说，在他降临到这个世界之时她便已经有了期望。若是这个孩子能够在我老的时候为我尽孝便好。她想。

对于徐志摩而言，这个孩子让他得到了解脱，他终于不用因为家里的催促勉强面对张幼仪。有了这个孩子，家里对他放宽了许多，

他终于可以离开这个家，去做他自己喜欢的事，追求他心中的理想
了。于是，多年前的出国留学计划开始提上日程，而他迫切离开的
心，张幼仪并不知道。

家信里的渴望

人们常称孩子是爱情的结晶，任何一对夫妻一旦成为父母，从
心态到行为都会发生明显的变化。他们会中断各种各样的应酬，每
天按时回家，回家后第一件事就是去看那个躺在襁褓中的小家伙；
她们会放弃逛街、做美容的爱好，将整颗心都放在孩子身上，给孩
子喂奶、换尿布、清理便便；他们不再去公园浪漫，而是围在孩子
身边；他们无法一觉安睡到天亮，只要听见孩子的啼哭，马上就会
起身。孩子的每一声啼哭都牵动着父母的心，外人听来吵闹，却是
天下父母心中最动听的语言，最美好的旋律。

儿子的到来并没有拴住徐志摩的心。1918 年夏，徐志摩又一次
离开了家，这一次，他要去的地方是位于大洋彼岸的美国马萨诸塞
州的城市渥赛斯特。

徐志摩要去美国留学，这是家人在他中学时就已经为他安排好
的，张幼仪也是知道的。所以，她有不舍，却没有挽留。至于徐志

摩，他对孩子是喜爱的，如同每个初为人父的人一样，有些激动，有些慌乱。他只是不喜欢孩子的母亲，不喜欢这个由家人做主为他挑选出的、缠过脚的传统女人。可他还没准备好如何做一个父亲，暂时离开，对他而言也算得上一种解脱。

老爷太太对这个孙子疼爱有加，他们给孩子取名为"积锴"，寓意刚强、正直、果断、公平。由于积锴活泼乖巧、聪明伶俐，非常讨人喜欢，徐家人又给他起了乳名"阿欢"。阿欢的脖子上挂着一把小锁，那是用一百个徐家亲戚送的礼金打造的，据说如果孩子戴了这样一把锁，就等于接收到了一百个亲人的祝福，成长的过程中必然逢凶化吉，平平安安。

旧社会富贵人家的小少爷都是含着金汤匙出生的，从来不需担心无人照顾，自他们落地那一刻起，父母、祖父母、外祖父母、用人、奶妈便围绕在他周围，给予他无微不至的呵护。徐家的这位小少爷自然也少不了大家的呵护。普通人家孩子的襁褓是用旧衣旧布制成的，他的襁褓却是用上等棉布制成的；普通人家孩子哭闹时，也许会因为家人太忙而不被理会，他一哭，就会有人急忙把他抱起来安抚；普通人家孩子第一件玩具可能是随处捡到的树枝或是家里用旧的物件，他的第一件玩具却是一根小小的象牙如意。

一切似乎看起来都很完美，完美的疼爱，完美的呵护，完美的生活环境，完美的礼物，却只有一件事是不完美的。

幼仪自小身体很结实，一方面因为她六岁前一直在喝人奶，一方面因为她没有缠足，可以正常跑跑跳跳，身体得到了一定的锻炼。虽然生产时曾消耗了大量体力，还一度痛得昏过去，可是产后不久，她的身体便复原了。在她休养期间，阿欢一直由用人和奶妈照顾，当然，这一切都是在徐家人的监督下进行的。复原后，幼仪本以为可以把孩子抱到自己身边，按照自己的方式抚养，可没过多久，她便发现这个愿望竟然也是一种奢求，因为这个孩子并不完全属于她，而是属于徐家。

孩子是母亲身上掉下的肉，对于一个母亲而言，没有什么比被剥夺抚养子女的权利更让人伤心。徐家没有完全剥夺幼仪抚养孩子的权利，却不许她经常照顾孩子，偶尔允许，也要求她一切都按照徐家的规矩进行。无论是抱孩子的姿势，还是给孩子洗澡的步骤，她都不可以擅自做主。自从嫁入徐家，幼仪便成了一个傀儡，那线始终攥在徐家人手里，她的一举一动、一言一行，都被加上了无形的结界，自控不得。如今，虽然为徐家生下了第一个孙子，她的地位却没有提高，自由也不曾增加。

每次，幼仪只能和孩子稍许亲热，便要将他交给奶妈或用人。夜里，她甚至不能抱着阿欢一起入睡，阿欢必须睡在他自己的小床里，旁边还要有奶妈的陪伴。

按照惯例，小孩子一周岁的时候，要让孩子进行"抓周"。"抓周"又称试儿、试晬、拈周、试周，是中国民间流传已久的一种用来预测孩子前途的仪式。这种仪式并没有严格的科学依据，但也不是完全没有一点儿道理，许多孩子在一岁时感兴趣的东西，往往和他们成年后有兴趣去做的事有关。所以直到现在，许多家长还是会举行这种仪式，但更多的目的是进行一种亲子互动，同时测试一下孩子的情商。

阿欢的"抓周"仪式举行得比较早，那是在他百天的时候，有人将一把量身尺、一些铜板、一个小算盘和一支徐志摩的毛笔一起放入一个盘子，然后将盘子摆在了阿欢面前。阿欢对面前的东西感到非常好奇，他第一次见到这些东西，完全不知道它们是什么，更不要说知道它们的用途了。他好奇地打量着每样东西，最后伸出小手，把徐志摩的毛笔抓在了手里。徐家人见状，都高兴极了，这意味着阿欢以后也会成为一个读书人。最高兴的要数徐申如，他将阿欢举过头顶，兴奋地说着："又一个读书人！我们家孙子将来要用铁笔喽！"那时，只有在政府撰写律令的人才被称为"铁笔"，徐申如的意思是，他的孙子长大后会成为政府官员。

　　自从成亲之后，徐志摩与张幼仪一直聚少离多。之前徐志摩去北京读大学，至少还可以在每年的节假日期间回家；可是去了美国，不但距离远了许多，回家的机会也少了许多。就在徐家人和幼仪在家中看着阿欢一天天长大的时候，徐志摩已经在美国开始了他的学业。

　　徐申如希望徐志摩可以进入政界或金融界，所以他为徐志摩申请了克拉克大学的银行学和社会学两个专业。初入学校，徐志摩学习非常刻苦，他给自己制定的日程表上写着："六时起身（同居四人一体遵守），七时朝会（激耻发心），晚唱国歌，十时半归寝。日间勤学而外，运动、跑步、阅报。"

　　离开中国时的徐志摩还是一个热血青年，他也曾考虑在美国学成归来后，按照父亲的意愿将家中的一系列生意接管过来，成为"中国的汉密尔顿"，或是考入政府，成为一名官员。徐家历代不曾有一人涉足官场，若是由他来做第一人，似乎也不错。当时谁也料想不到，正是这次出国，徐志摩的思想和人生都发生了彻底的转变，他那份一直潜藏在内心的性格和期望在美国的自由氛围中被激发出来，不但擅自更改了学习的专业，还结识了一个令他倾心一生的女子。他的学业、爱情、事业都开始发生了转折。

半年时间很快过去了。1919年春天，幼仪回家探亲时遇到了准备前往巴黎参加和会的二哥。二哥问她什么时候会去美国与徐志摩相聚，这令她感到很诧异。自从嫁入徐家，她以为陪伴公婆、操持家务就是她所有的责任和义务，她从未想过自己还可以出国陪伴丈夫。当她听到二哥说她已经陪伴徐家二老这么久，并为徐家生下一子，现在已经到了与丈夫在一起的时候时，心里有些东西又开始萌芽了。

早在婚后，徐志摩回到学校继续读书的时候，幼仪便有过回学校继续学业的想法，可是她当时就读过的苏州女中告诉她，由于她错过了毕业期，想要继续学业，必须在回校后复读一年，然后才可以继续。考虑到刚嫁人便离家两年求学不妥当，幼仪放弃了回学校读书的机会，这件事一直让她感到遗憾，如今，听二哥说自己又有机会去学习，特别是去国外学习新鲜事物，她的心中别提多激动了。

二哥和徐志摩在北京的时候便成为了朋友，所以当二哥打着包票告诉幼仪，徐志摩一定希望她能够了解西方，并写信邀她一同去美国时，幼仪的心里充满了希望。她想，只要徐志摩写信要她过去，徐家就一定不会阻拦她，也不会拒绝为她支付学费。她甚至开始想象，当自己到达大洋彼岸之后，与徐志摩一同学习、一同生活的场景。她想，只要自己去了美国，与徐志摩一起学习，他们二人之间的距离就会越来越短，她就能了解他的想法、了解他的世界，他们就不会再像以前那样沉默，没有话题可以交谈。他们可以一起在校园漫步，可以一起讨论学习上的问题，他们的感情会越来越好，那会是多么温馨幸福的画面。

回到家中，幼仪便开始期盼徐志摩来信让她去美国陪读。她从来没有如此期盼，与之前的信不同，徐志摩开始在信中提到幼仪的名字，虽然那都是与阿欢一并提起的，也不过只是简单的问候，幼仪却从中看到了希望。渐渐地，徐志摩会偶尔让幼仪记录下阿欢一天的生活然后寄给他，偶尔也会要看阿欢的画和毛笔字，因为孩子，他与她的距离似乎变得有些近了，可还是没有近到直接面对的地步。

幼仪没有废弃希望，她就这样一次又一次地等待，她相信只要再等待一段时间，徐志摩一定会写信让她过去的。

等待一次崭新的重逢

1919 年的《凡尔赛合约》中，山东被中国的同盟国让与了日本。消息一经传出，各城市的学生纷纷游行示威，工人们也开始罢工游行。上海近两万名工人的罢工让许多企业不得不停业，徐家在上海的生意也受到很大的影响，不得不暂时关闭了几家店铺。

幼仪还是没有等到徐志摩让她过去的书信，一种不祥的预感从她心中涌上来。她突然想起徐志摩曾对她说过，他要成为中国第一个离婚的男人。

徐志摩说出这句话的时候，中国社会正在经历一场变动，许多旧习俗正在一点点被破除。在古代，只有犯下"七出之条"的妻子，丈夫才有理由将妻子休掉。"七出"分别是"不顺父母""无子""淫""妒""有恶疾""口多言"和"窃盗"，即妻子犯下不孝顺父母、不能为夫家生下儿子、与丈夫之外的男子有私情、凶悍好忌妒、身患严重疾病、说别人闲话或存私房钱其中之一。而若是按照新的习俗，无论妻子有没有犯下"七出"之一，丈夫都可以和她离婚。

只是，当时幼仪还不知道正在发生的变动是什么，她只是听徐志摩说，变动过后，人们会更加自由，不再被旧的习俗所约束，可以更自由地选择个人的生活和婚姻，到那时，不会再有盲婚哑嫁，人们都不需再在父母的命令下与没有感情的人结婚。

太久没有收到徐志摩的信件了，幼仪心中是忐忑的，她担心徐志摩之前说的话就要应验。但转念一想，自嫁入徐家，她用心侍奉公婆，又为徐家诞下一子，让徐家有后，她恪守妇道，用心持家，丈夫长年不在家中，她没有抱怨，没有猜疑，他在外的生活，她也不曾妒忌，任何方面她都做得非常努力，俨然一个合格的妻子，徐志摩没有理由和她离婚。

她一直用这样的想法劝说自己不要多想，安心等待，一如既往地一边照料家庭，一边期盼着徐志摩的信。渐渐地，她忘记了徐志摩曾对她说的那句话。特别是二哥曾说，徐志摩一定会叫她过去后，她便沉浸在了美好的想象和期待之中。

幼仪的二哥从欧洲回国后，得知国内的示威活动令政府拒绝接受将山东割让给日本的和约，非常兴奋。回到家后，他兴冲冲地将这些事情讲给幼仪听，并问了徐志摩的事情。"他这么久没写信给你，一定是出了什么岔子。"二哥凭着他对徐志摩的了解猜测。听到二哥这样说，幼仪才又一次回到现实中，想起了徐志摩的那句话。

难道他当时说的话是真的？幼仪心想。难道他对我如此厌倦，以至于不想把我带到身边？不，也许他只是误会了，因为我从来没有提出过，所以他才认为我不想出国。或者因为我一直表现得很传统，所以他认为我不会喜欢新式的东西，不会接受新式的思想。

如果那个年代有手机，有先进的通信工具，幼仪一定会马上打电话给徐志摩，亲口告诉他她的心意，告诉他她有多么渴望和他在一起，并且已经渴望了很久很久。

二哥知道生性传统的幼仪不敢主动要求出国，甚至连问都不敢问徐家，于是他决定替妹妹去问徐申如。"她要跟老太太做伴儿，还得照顾娃娃。"徐申如听完二哥的讲述，这样说。

这只是一个借口。孩子一直是用人和奶妈在带，幼仪每次想要帮忙，徐志摩的母亲都会在一边监督，或者让专业的奶妈和用人在一旁跟着。至于老太太，也就是徐志摩的祖母，也不是一直需要幼仪的陪伴。徐申如会这样说，只是想为他们的保守找一个听上去很合理的借口。

虽然当时整个社会都在向新局面转变着，许多人的思想也都渐渐变得开放，但对于徐家人而言，传统仍然是这个家里最重要的部分。徐家的男人应该出门学习，接受新的事物、新的思想；女人则应该一直待在家里。作为徐家的媳妇，经常出门甚至是不够得体的事情，何况要离开这个家，到国外去？而且，女子只要听话，整天围着家庭忙碌就好，学习只会让她生出一些多余的想法，不愿再安分守在家里。这也是旧社会大多数家庭的观点。

见过蓝天广阔的鸟儿怎么可能安心住在笼子里？感受过草原广阔的马儿怎么可能甘心被围栏束缚？知道了外面的世界有多精彩、多丰富，怎么可能继续安心蜷缩在小小的角落，整日只围着灶台和针线打转？旧时的人家应该是想到了这一点，才不允许女子学习太多知识、接触外面的世界吧！

经常在街边见到有用瓶子装起来的鱼卖，那鱼样子算不得美丽，却十分好养。据说即使主人忙碌，偶尔才能想起给它们喂点儿食物，它们也可以无碍地活上一两个月。卖鱼的得意地向询问的人介绍着，瓶中的鱼却安安静静地缓缓地游动，仿佛一切都与它们无关。确实，除了瓶中的世界，它们便再不能拥有任何其他东西，那么又何必在意外面的人怎么说、怎么看？何必在意外面的世界是什么样子呢？外面的世界很精彩，瓶中的世界很无奈。可即使外面的世界再精彩，那也是与它们无关的精彩，它们一生都不可能拥有。

旧社会的女子，就好像被装入了瓶子的鱼。出嫁前，她们生活在小小的鱼缸里，虽然约束，虽然不自由，至少还可以呼吸，还有属于自己的天地。她们有时会想要试着跳出鱼缸，去寻找更宽广、更自由的水域，去看那里有没有更美丽的水草。出嫁后，她们的生活范围瞬间缩小，小小的瓶口让她们每次跳起，都只会碰到瓶口周围的玻璃。当发现挣扎无用之后，大多数的女子便接受了命运，再也不去奢望那曾有的希望，不再想，不再求。于是，她们的夫家便会认为，她们懂事了、安分了。

无法改变徐家人的观念，幼仪只得暂时放下出国陪读的念头，请求和徐家几个尚未出阁的女儿一起，在家中学习一些课程。这个要求不算过分，徐家人应允了，幼仪终于又有了学习的机会，就在这样的生活中度过了一年。

一年后，徐志摩的一封来信让幼仪终于有了出国的机会。虽然徐志摩并未在信中写明希望幼仪前去，但是徐家人认为，应该让幼仪过去陪伴徐志摩了。徐志摩在信中说，他决定放弃在美国进修博士，并已经动身前往欧洲。这一消息让徐家人大吃一惊。在他们的印象里，徐志摩虽然自小顽皮，却从来没有擅自做过一件大事，更何况是终止学业这样的大事。徐志摩的来信让徐家人感到担忧，他们担心徐志摩在美国遇到了一些让他不得不放弃的事情，或是学业上出了什么意外。虽然徐家人很保守，难以接受让徐家的媳妇在外面抛头露面，可如今看来，让幼仪过去陪伴徐志摩似乎是最好的也是唯一的选择。

在徐家人眼中，幼仪一向是个沉稳顺从识大体的女子，当初答应这门婚事，有一个原因也是希望她能帮徐志摩打点一些事情，用她的性格影响徐志摩，让徐志摩变得沉稳一些。既然儿子那边有事，那让幼仪过去，既可以对儿子多些照顾，又可以看看儿子是不是发生了什么事。于是，徐家人做出决定，将幼仪送到徐志摩的身边。

幸福来得太突然，张幼仪从公公口中听到她可以出国陪伴徐志摩的时候，她的心突然就跳得快了起来，甚至忽略了他们让她前去的原因。这是她期盼多久才期盼得到的事情啊！虽然要离开可爱的儿子让她心中涌起太多的不舍，可孩子一向有那么多人照顾，她不需要太担心。

那心中的激动是因为爱吗？幼仪在年老回忆的时候曾承认，她确实爱过徐志摩，毕竟那是她生命中的第一个男人，一个曾是她丈夫，并永远是她儿子的父亲的人。虽然他对她自始至终除了夫妻之事，不曾尽过丈夫的义务，不曾关爱过她、在乎过她，但她仍然爱了他那么多年。否则，单凭对礼教的遵循、对传统的遵守、对父母的孝顺，她如何能够在徐家无怨无悔、任劳任怨那么多年，又为徐家生下两个孩子呢？

徐家虽然答应让幼仪出国，却不许她单独前往。他们为她联系了一家准备前往马赛的中国家庭，让幼仪与他们一同出行。这个家庭中有一对夫妻和两个孩子，幼仪与他们同行，便没有太多不妥当了。

幼仪与这家人一起上了轮船，这是她第一次出门，紧张的心情覆盖了她整颗心。轮船起航时，她站在甲板上，回首，那熟悉的城市离她越来越远，前望，茫茫的海面看似平静，却不知在下面是否也平静依然。远方是未知的世界，一如她未知的将来一般，远得什么都看不见。

他 的 眼 光 刺 破 所 有 期 望

重逢总是令人期待的，对于一位一直盼着与丈夫团聚的妻子而言，这重逢显得格外重要和珍贵。她记得他离开前那始终沉默的表情，记得他对自己视若无睹的眼神。

结婚五年，他留给她的几乎都是背影和侧影，连正面看她的次数都少之又少。他不曾注视她，更不曾深情凝望她的眼睛，对她说"我爱你"；他不曾在她干活时伸手扶过她，更不曾轻轻从身后环绕她的腰肢，对她说"辛苦了"。那些爱情小说中所描写的夫妻间的幸福和温馨，在他们二人之间从未存在半分。可那又怨得了谁呢？他并不爱她，原来不爱，后来不爱，从来不爱。

如果，这次重逢能够成为两个人新的开始，那再好不过了。最开始的学习是为了自己，而之后的学习，除去为了自己，也为了他，为了与他多一些共同语言，为了能让他注意到自己并不是那么保守无知，不是那么索然无趣。

那家人非常友善，不曾要求她替他们照顾孩子，也不曾要求她做任何事。在轮船上，她有自己的房间，不必和孩子们挤在一起。用餐完毕，她便可以回到自己的房间休息。夜深了，幼仪一个人躺在船舱中，感受着船身偶尔的起伏，心绪也不停地起伏着。

若是相见，要用怎样的方式待他？热情一些，还是温柔一些？大方一些，还是羞涩一些？她还是不了解他，相处的时间太短，关于他的一切，都是从其他人口中听来的。五年，这时间不短了。五年的时间足以让一位青涩少女变成一个成熟女人，也足以让一对夫妻相互了解，成为彼此的知己，可她这五年的婚姻里，却几乎不曾有丈夫的出现。他只是履行了他的义务，为徐家延续香火的义务，然后，就留下了她一人，后来，留下她和孩子两个人。

无人知晓她心中的苦闷，即使她不承认她的苦闷。她想起白天同船的乘客们听说她是去国外陪伴丈夫，无不露出羡慕的眼神，她知道他们是如何想的，他们一定认为她有一位优秀的丈夫，在国外辛苦地打拼和学习，十分思念家中的妻子孩子，却又不忍她跟他一起吃苦，所以才在生活稳定下来之后接她同去生活。看着那些人羡慕的眼光，幼仪没有做任何解释，那些都是她的家事，她不必与外人说。

看到与她同行的那家人，幼仪的心里也十分羡慕。那家人其乐融融，孩子活泼可爱，丈夫谦和，妻子温柔。没有一个女子不想要这样的家庭：和心爱的人组成一个家庭，生一双儿女，一家人快乐地生活在一起；早起，为家人准备丰盛的早餐，叫醒沉睡中的丈夫和孩子，一家人融洽地围坐在桌前用餐；丈夫出门工作时，在家中照顾一双儿女，收拾房间，等待丈夫回家；丈夫回来后，听他说白天发生的事，或与他说些家中的事；夜晚，二人相拥入眠，只要感受到对方的身体在身边，就倍感心安。

英国是一个不一样的国度，在不一样的环境中，他是否会改变一些对我的看法？他是否能够注意到我的努力和进步？是否会对我有所不同？幼仪的心里想了许多许多，而这些担忧在她刚刚见到徐志摩的时候就全部消失，化作一团冷空气堵在胸口，上不去，下不来。那一刻，仿佛有人施了魔法，让时间停顿下来，周围安静极了。黑色羊毛大衣中裹着的那个削瘦的身影，在人群中透着一股不和谐，他的冷静冷到极点，变成了冷漠。周围那些人焦急的、期待的眼神，左顾右盼摇晃着的身体，将他的冷漠衬托得更加明显。白色的丝质围巾在海风的吹拂下轻轻摆动，他的身体却仍然静止，仿佛被强行拴在码头上的钓竿。

他不想来，是的，他一点儿也不想来。当幼仪意识到这一点时，她的心也冷透了。之前的所有期望，一瞬间化作海面上的泡沫，随风飘散了。三个星期，长达三个星期的航行，长达三个星期的猜测，长达三个星期的期盼，长达三个星期的幻想，都在这一瞬间不见了。幼仪在心中狠狠地责怪自己的天真，为什么这么久了还像个孩子一样，幻想他会对自己有所改变？他不仅没有变，那脸上的厌恶似乎更加明显了。国外的生活并没有改变他对自己的看法，反而让他更加习惯不掩饰内心的感情，任性地将内心的感情表现在脸上，而不在意看到的人会有什么感受。

幼仪站在甲板上，努力克制自己摇晃的身子，努力收起心中之前的那些感情，让表情变得平静。当她的脚踏上马赛港的时候，她已经能让自己看起来像在家中时一样平静了。

徐志摩自然不知道幼仪心中经历过多少感情变化，他也不想知道。他说想顺路去巴黎看看，幼仪便顺从地跟着他，没有一句话地走着。他们乘车去了火车站，又乘火车去了巴黎。路上，幼仪简单地向徐志摩讲了家中的一些情况，也讲了点儿她是如何来到这里的，徐志摩只是听着，没有发表任何言论。

徐志摩将幼仪带进巴黎的一家百货公司，用幼仪听不懂的语言与售货小姐交谈了一会儿，他们便开始为幼仪挑选衣服。幼仪茫然地听他们交谈，然后任由他们将一件件洋装放到她身前比量，然后打量。看到这些洋装，幼仪知道，自己从家中精心挑选并带出来的衣服很难有机会穿上了，因为，他不喜欢。

售货小姐很有耐心地为幼仪挑选着洋装，徐志摩却不耐烦地一次次摇头。最后，他为幼仪挑选了一套修长的洋装、一双丝袜、一双皮鞋和一顶帽子。徐志摩让幼仪换上这套新的装束，带着她照了几张相片，便将照片寄回了家。幼仪知道徐家为什么将她送到徐志摩身边，聪明的徐志摩怎么可能不知道。他知道家里把幼仪送来是为了提醒他，他对徐家有义务、有责任，他应该按照家里一早安排好的计划去学金融和政治，可那并不是他喜欢的东西，他怎么可能学得下去。他有更多的爱好，有更喜欢的事情要做，在这方面，热爱自由的他是不可能妥协的。但在其他方面，他却可以暂时适当妥协，比如，让家人知道，幼仪已经平安地到了他身边，他们很好。

从巴黎去伦敦的时候，徐志摩选择乘坐飞机。徐志摩是一个喜欢坐飞机的人，他非常喜欢飞上天空的感觉，那是一种洒脱、一种畅快、一种自由自在。对徐志摩而言，乘坐飞机是种享受，而对于从未坐过飞机的幼仪而言，这无疑是种折磨。狭小的空间、不流通的空气和颠簸的旅程让幼仪晕机了，她抱着纸袋吐个不停，徐志摩鄙视地看着她，没有半句安慰，还嫌弃地说她"真是个乡下土包子"。谁知刚说完这句话不久，他也吐了。这时，幼仪似乎已经好了一些，第一次见到徐志摩狼狈的样子，她的心里有点儿解气，轻声说："哦，我看你也是个乡下土包子。"之后，他们之间又恢复了安静，一如他们每次相处时一样。

终于，他们到达了最终目的地伦敦。飞机着陆后，徐志摩的两位朋友过来接他们，徐志摩见到他们，突然之间变得很兴奋，不停地用英文与他们交谈，将幼仪晾在一旁。幼仪看了一眼那两位朋友，他们都是中国人，她知道徐志摩是故意的。

新的生活即将开始，徐志摩对幼仪却还是老样子，此时的幼仪很无奈，却只能无奈。她只能希望，当自己适应了这里之后，一切都会变好一些。

第六章

旧恨·新生·收割悲伤

被沉默围困的妻子

英国，伦敦。幼仪随着徐志摩走进一所俱乐部，这里仿佛是一个华人大家庭，里面住了许多来伦敦求学的中国人，徐志摩也是这个大家庭中的一员。住在这里的中国人显然都已经很熟悉彼此，他们见到徐志摩，都非常热情地向他打招呼，然后好奇地看着幼仪，猜测着她与徐志摩是什么关系。

走下轮船之后，幼仪感到最多的便是强烈的陌生感。这种陌生感让她有些无措，也有些不舒服。完全不同于国内的街道，华丽的洋装，金发碧眼的外国人，到处是她听不懂的语言。在机场处见到的徐志摩的两位朋友虽然是中国人，一开始也讲了汉语，可徐志摩却故意带着他们讲英语，让幼仪无法明白他们之间谈论的是什么。

进入俱乐部，幼仪第一次感到了一丝亲切感。俱乐部里有一间大房间，那是人们聊天的地方，每天饭后，这间房间里都会突然多出许多人，在一起愉快地交谈。这里的人在交谈时讲的都是中文，幼仪听不懂他们谈的话题，却至少可以听得懂他们在说什么。他们口中聊的话题多是政治、诗词和文学，有些幼仪勉强可以听懂，有些则完全不明所以，但她仍然很乐于聆听，并把这也当成学习的一部分。

休息室的隔壁就是餐厅。这里的饮食也和国内一样，有会做中国菜的厨师，对于刚刚来到国外的人而言，这些无疑是种安慰。而徐志摩到了这里，似乎也变回了出国前的样子，少了些许洋化的举止和行为，有时他会长衫长袍，沏一壶好茶，坐在那里慢条斯理地品着，就像他在徐家大院时做的一样。

幼仪的二哥和四哥当时不但在国内已经很有名，在国外的华人中也很有名。俱乐部里的一些人也曾听说过他们的事迹，并对他们十分崇拜和敬仰。当他们得知这位新来的女子是那二人的亲妹妹之后，便很热情地过来与幼仪打招呼，并向她讲述一些她的两位哥哥的优秀事迹。相比于陌生人的友好，徐志摩的冷漠显得更加突出。

徐志摩会来到伦敦，是因为罗素。读过罗素的著作，徐志摩被罗素所提倡的那种自由的思想完全吸引住了，也更加不喜欢美国资本主义社会资产阶级的疯狂和贪婪。为了与罗素相识，他决定前往伦敦。而当他到达伦敦后，才知道罗素暂时不在伦敦，一年后才会回来。为了留在伦敦等罗素回来，徐志摩进入伦敦大学政治经济学院，一边读书，一边等待罗素回到伦敦。在伦敦大学政治经济学院的那段日子里，徐志摩认识了英国作家威尔士，那早在北京读大学期间便涌上心头的对文学的强烈兴趣又一次得到了激发。

忙碌的学习生活让徐志摩感到很充实，他整天奔忙于学校和住所之间，并享受于这种奔忙，无心去在意幼仪的到来。白天，幼仪看着他来回出入于他们居住的房间，没有片刻停留；晚上，幼仪只能看到一个熟睡的身影。对生活，徐志摩有他的计划，他已经拥有了一个机会，不久之后他就会去康桥大学一家学院进修，成为那里的一名文科特别生。他心里满满的都是将要学习自己心爱专业的兴奋，何时动身，怎么动身，过去之后住在哪里，他全部要考虑。而他的这些计划里，没有一样是与幼仪有关的。

幼仪看着他忙碌，看着他的表情如"晴雨表"一般变化着：当他去忙自己的事时，他一脸专注，仿佛周围没有什么事能够将他从这样的状态中拉出来；当他每次暂时回到房间见到幼仪还在那里的时候，他一脸惊讶，仿佛按照正常逻辑幼仪并不应该还在那里；当他与其他人谈论文学时，他一脸兴奋，仿佛被太阳金色的光芒笼罩一般；当他与幼仪长时间独处时，他一脸不快，仿佛世界末日就要来临一般。

就这样看着，就这样等着，就这样任一天又一天过去。后来，幼仪在回忆起这段时光时，也很诧异她当初竟然能够在徐志摩不理睬她的情况下，一个人在屋子里守着，一守就是一天。人到了英国，心却还生活在那个封闭古板的家庭中。当她从婚姻中走出来之后，当她有了自己的事业之后，她每天都活得很充实、很幸福，没有什么时间可以让她浪费，而刚到英国的那段日子里，她却完全没有自己的想法，没有自己的爱好，似乎除了在房间里等待徐志摩回家，再没有其他的事情可以做。外面的世界那么精彩，竟然也没能将她从那个小小的房间中吸引出去。那曾在徐家一度期待的出行自由真正摆在她面前时，她却已经失去了出行的欲望。

或许是家庭，或许是嫁入徐家后多年来的约束，幼仪忘记了自己也可以有梦想，可以有追求，可以有除了丈夫、孩子、公婆之外的世界。那时的幼仪还没有学会像一个新式女子一样，寻找自己喜爱的事情去做。俱乐部里的人都很忙碌，无论男女都有各自的学业或事业，白天几乎见不到人。偌大的一个俱乐部里安安静静，好像一座被遗忘的城堡。

一旦走出俱乐部，除了一头黑发、一双黑色的眼睛和黄皮肤，徐志摩看起来简直像洋人一般。他穿着笔挺的夹克或西装，里面搭一件尖领衬衫，用洋人的方式走路和说话，手中的折扇换成了香烟，茶杯里的清茶也变成了咖啡。幼仪每天早上都会看到自己的丈夫变成一个几乎陌生的男人，走出家门，直到晚上回来，才会卸下那一身的洋气，变回她认识的那个徐志摩。

说认识，是因为她对他越来越不熟悉。当初那些天真的想法早在下船的那一刻被她收进了心中最小的一个角落里，每一天，她都在努力研究着徐志摩的喜好，努力与他说上几句话，好知道他心里在想什么，但几乎每一次都是失败的。她最多只能知道，他正在为什么事情而忙碌，想吃什么晚餐，想要喝茶或是咖啡。他的精神领域仍然在一个幼仪碰不到的地方，看着好像很近，就是无法接近。

起初，幼仪并不知道他在外面是什么样子的。直到一次，他将一位外国朋友带到家中，幼仪亲眼见到他的愉快，那是发自内心的愉快。虽然幼仪听不懂他们的交谈，一点儿也听不懂，却能看得懂他们的表情，听得出他们的语气。那表情里有惊讶、有喜悦、有崇敬，那语气里有兴奋、有谦逊、有耐心。这些通过表情和语气表达出的感情，是他与她在一起时从未流露过一丝半毫的。她曾一度以为，徐志摩的身体里不存在这类感情，而当她亲眼见到这一切时，她的心中涌上一股莫名的不快，原来他不是没有，只是面对她的时候没有。

徐志摩与同住在俱乐部里的人聊天时，态度相对平和，从未有过这样的激动，也从未有过这样的喜悦。于是幼仪知道，这个人对徐志摩而言是特殊的。后来，她知道了这个被徐志摩带回家中的人叫狄更生，就是他帮徐志摩联系了康桥大学。徐志摩在与狄更生交谈的过程中，全身上下充满了阳光，那些面对她时的阴郁完全看不到一点儿，她也被那时的徐志摩感染了。当狄更生离开后，她想问他们都聊了些什么的时候，他的眼神突然之间暗了下来，那扬起的嘴角渐渐下滑，回到了最初的位置，脸上的光彩也渐渐褪去，露出一副忧郁的神情。

他们之间又只剩下沉默，无法掀开的沉默，令人窒息的沉默。然后，入夜，同床异梦。

一个生命，一场深痛

　　离开这个充满中国气息的俱乐部时，幼仪有点儿不舍，她有些留恋地又看了一眼曾住过的房子。离开后，不知还有没有机会听到如此亲切的中国话。她想。

　　搬出俱乐部，幼仪和徐志摩有了一个属于他们的"家"。这是一套两室一厅的小屋，距离康桥大学有些远，但是很清静，整条街从头到尾只有三栋房子。房子周围有很大面积的草地，还有一个小池塘，这让幼仪想起了张家院子里那片池塘和那个船屋。

　　离开俱乐部后，他们需要自己采购和烹饪一日三餐，这一任务自然就落到了幼仪的身上。徐志摩自大学期间开始学习多种外语，又在国外生活了许多年，英语早已很熟练，幼仪却连一些基本的生活用语都不会，买菜的时候，她听不懂对方说的价格，只能用手比画；遇到没见过的食物，她也没有办法仔细问一下那是什么、要怎么吃，这多少造成了生活上的不便。所以当幼仪向徐志摩提出想要学习的要求后，徐志摩便决定让幼仪学些英语，并为她请了一位女老师，从二十六个英文字母开始教起。

　　第一次接触这些奇怪的字符，幼仪学得很吃力，这些字符不但与中文长得不同，发音上也有很大的差别。一开始，老师还能耐心地教她每个字母的发音，后来，教她的老师也感到疲倦了，便开始直接教她一些生活中用得到的句子。幼仪努力地学习着，模仿着老师的发音一遍又一遍重复着那些拗口的单词和句子，可还是往往弄不清那些单词的发音。繁重的家务和艰难的学习让幼仪有些忙不过来，所以当老师提出不再授课的时候，她也没有任何异议。

来到康桥之后的日子格外忙碌，徐志摩忙着上课，幼仪则忙着照料家庭。市场距离他们住的地方较远，每天买菜都要乘坐。后来，幼仪发现有时会有菜贩开着货车到她们附近贩卖食物，于是她尽可能在每一次菜贩到来时采购足够的食物，这样可以节省去市场的时间。每一天，徐志摩早上去学校，中午回到家中吃午饭，然后离开，放学后再回到家中吃晚饭。每一天，幼仪都在努力做出徐志摩喜欢的饭菜，她希望他吃得满意，可是她却很难从他口中听到一句对饭菜的评价，无论好吃或不好吃，他都只是自顾自地、默默地吃下，然后离开。唯一能够猜测出他喜好的，只有他在吃饭时偶尔流露出的神情。

徐志摩的头脑中已经植入了西方的自由思想，他越来越重视生活的自由性，他喜欢来去自由，想来就来，想走就走，家对他而言就像一个可以随意吃喝的旅店。他会为这些东西付钱，付的钱却远远不够维持生活。有时，他们实在没有钱买菜，便只能期待从老家寄来的食物。家中的一切他都不关心，反正有幼仪在，既然家里派她来，她就应该去做那些事情。

在徐志摩的眼中，无论幼仪穿上多么漂亮的洋装，讲出多么流利的英语，她始终都只是一个缠过脚的旧式女人，她的身上散发着他难以忍受的旧式气息，传统、守旧、没有主见、没有风韵。他最常对幼仪说的话只有两句，一句是"你懂什么"？另一句是"你能说什么"？在他的心里，这样一个女人永远都不可能理解他的世界，也永远不能接受一个崭新的美好的生活。他也不在意她是否想要改变或正在努力改变，他不相信这样一个女人能够真正变成一位有魅力、有主见的新式女子。

在沙士顿的生活多数是艰苦的，张幼仪没有工作，是位全职太太，每次遇到要花钱的地方，她都不得不精打细算一番，尽量避免不必要的开支。徐志摩也没有收入，他的钱都是家里给他汇来的，每次汇来的钱，他都会交给幼仪一部分，自己支配一部分，但是他自己支配的那部分总是在很短的时间内就花完了。

徐志摩每天早上都会去理发店，幼仪以为他是去理发，便提出可以在家中为他修剪头发，这样就可以省下不少钱贴补家用。可徐志摩对她的建议完全置之不理，仍然每天前往。那时，幼仪单纯地以为徐志摩太过于追求享受，追求高质量的生活，还不知道徐志摩去理发店的真正目的。如果她当时就已经知道，会怎么样？是提前醒悟，还是继续隐忍？

天气越来越热，转眼到了夏日。幼仪的身体开始出现一些不适的症状。她开始时常反胃，身体也变得虚弱，简单的家务做起来都有些吃力了。此时的幼仪已经不再是那个一无所知的单纯少女，有过一个孩子的她立即敏感地察觉到，自己又怀孕了。

出国后，幼仪对自己的处境已经不再盲目乐观，她清楚地知道徐志摩对她的态度难以改变，于是面对肚子里这个孩子，她不知如何是好。一直拖下去不是办法，犹豫许久，她还是决定将这个消息告诉徐志摩。徐志摩的态度在她的意料之中，回答却在她的意料之外："把孩子打掉。"

幼仪心碎了。她知道徐志摩一直不喜欢自己，可从他对阿欢的态度上来看，他应该是喜欢自己的孩子的。她曾想过无数种可能，想他可能会无视这个事实，可能会赶她回国，可能会埋怨她几句然后让她好好把孩子生下来……唯独不曾想过这个可能。

在那个年代，打胎是件非常危险的事，只有那些不小心与别的男人珠胎暗结，或是家中实在无力多抚养一个孩子的女人才会冒着生命危险去打胎。幼仪显然这两种情况都不属于。这个孩子虽然不是因爱而生，却也是合法的、名正言顺的徐家的孩子。打掉，多么简单的两个字，那是他的孩子，也是她的，他怎么可以那么轻松地就让她打掉？

幼仪说，她曾听说有人因为打胎死掉了。徐志摩听了，不但没有丝毫的同情，反而用更加冷漠更加坚决的语气反驳道："还有人因为火车事故死掉呢，难道你看到人家不坐火车了吗？"

徐志摩让幼仪快点儿找个地方把孩子处理掉，此时他已经动了与幼仪离婚的念头，若是这时再多一个孩子，那对他而言无疑是不利的。他不想离婚后和这个他不喜欢的女人有太多的牵绊，对于他而言，打胎是最好的解决办法。他甚至没有帮助幼仪联系医院，而是让幼仪自己去想办法。

幼仪无法接受这个事实，她没想到自己的丈夫竟然厌恶自己到不愿意和自己再多共同拥有一个孩子。孩子是无辜的，他已经来到了这个世界，如果让他还没有看一眼这个世界的样子就离开，那是多么残忍的一件事。幼仪想，如果她还在徐家，公公婆婆一定会格外开心，毕竟她已经为徐家生下一个男孩儿，公公婆婆一定会认为她肚子里的仍然是个男孩儿而对她格外关照。可是，她在英国，身边除了徐志摩，再没有其他亲人哪怕熟悉的人。她整天待在家中，唯一能够接触到的其他人，只有租下他们房子的房客郭虞裳和住在隔壁的胡氏夫妇。

郭虞裳是徐志摩主动将家中的书房租给他的，他平日很少出门，和幼仪比较熟悉，有时也会帮助幼仪跑腿取东西，可他毕竟是个男人，很多事不方便说与他听。胡氏夫妇是中国人，他们都是康桥的学生。幼仪向胡太太询问英国有没有什么地方打胎比较安全，胡太太给她的建议是，在法国打胎要比在英国打胎安全得多。幼仪不知道胡太太为什么了解这么多与打胎有关的信息，她怀疑胡太太是否也去打过胎，但这念头很快就被其他的念头给替代了。她现在最需要做的，就是马上找到一个安全的地方，将这个孩子打掉，否则徐志摩与她之间的隔阂一定会越来越大。

做下这个决定的时候，幼仪的心从来没有这么痛过，那是一位母亲要与未曾见面的孩子生离死别的痛，是一种钻心的痛。如果有其他的办法可以选，幼仪一定不会选择这一个，可是，她真的别无他法。为了维系二人的感情和婚姻，她决定，与这个未出世的孩子说永别。

丈夫的秘密

对于一个渴望爱而得不到爱的妻子来说，时光总是苦涩而漫长的。命运拖着张幼仪满目的伤愁挨到了 9 月。公婆还会按月寄钱来，有时候还会随船运来一些蔬菜。在得不到丈夫的温情时，公婆的关爱成了她心中唯一的依靠。

日子周而复始，让她唯一感到变化的，是她微微隆起的肚子。虽然她已经决定了要打胎，却迟迟没有去，因为打胎费用太高。其实在内心深处，她对徐志摩还是抱着一丝希望。自从上次之后，徐志摩并没有再提起打胎的事情。她揣测着也许他是忘记，又或许他是改变了心意，可她又不敢去问他，所以等他发现她的肚子隆起的时候自然会给她一个结局。她就这样以乐观的期待悲哀地安慰着自己。

时光一日一日地往复，这个以夫为天的女人平静地等待着丈夫的"裁决"。而为爱完全失去自我的女人，永远等不来奇迹，只能收割悲剧。

一天早晨，徐志摩临行前忽然回身，阳光照在他的身上，为他镀上了一层神圣。张幼仪像一个忠诚的士兵，沐浴在这神圣的光芒之下，等待着指令。

他平静地说道："今天晚上家里要来个客人，她是从爱丁堡大学来的一个朋友，我要带她到康桥逛逛，然后她回来和我一道吃饭。"

张幼仪诧异，家中从来没有来过客人，而徐志摩这个忽然而至的朋友，一定对他有着特殊的意义。她心中结成了一大团疑云，像棉絮，厚密地裹着她的心。

传统的礼教让她顺服丈夫的每一个决定，所以她对此并没有发表任何意见，安静地点了点头，问了他开饭时间。徐志摩说"早一点儿"。她便说五点开饭。

交代过后，徐志摩又匆匆忙忙赶去理发，而接受了任务的张幼仪便开始了一天的忙碌。她认真地打扫了房屋，又去买菜，准备晚饭。每一个步骤，都做得格外认真，仿佛是在迎接一个隆重的仪式，抑或是一场战争。一个念头一直在她脑海中盘旋，她认为今晚是徐志摩要带他要娶的二太太来和她见面。

其实，在张幼仪刚来到海外的时候，她就察觉到徐志摩有些秘密。而且在搬到沙士顿之后，他每天早上吃过早饭后便赶去理发，她猜测那一定与他的女朋友有关。他们的故事像一个巨大的谜题吸引着她、刺痛着她，她却永远站在谜题之外。

多年后，张幼仪从朋友处印证了自己的猜测，徐志摩每天早早地出去理发，正是为了去和伦敦的女朋友联络。他们用与理发店在同一条街的杂货铺作为通信地址。伦敦与沙士顿并不远，所以他们几乎每天都可以通信。而且信中内容基本都是英文，就算是张幼仪发现了那些信件，也看不懂其中的内容。

徐志摩日复一日的冷漠态度和神秘行径，对张幼仪来说是一种无声的折磨。当时张幼仪并不知道徐志摩所恋对象究竟是谁，所以她把这一顿晚餐当作了徐志摩的摊牌举动。

这一整天，她的身体在不停地劳作，脑子却一时半刻也没有停止思考。她在盘算着该怎样面对徐志摩女友的威胁，像一个即将上阵的将军一样，做着一次战略的分析。她分析，那个女人正在英国读书，一定是比自己学问高，她应该能讲得出流利的英文，也可能和徐志摩有着相似的文学爱好。那么，她究竟会是个怎样的人？她甚至猜想会不会是一个洋女人。不过转念又否定了这个猜测。她觉得，没有哪一个洋女人会嫁来做二太太。

因为未能得到丈夫的爱，所以，对公婆的孝顺、为家族传宗接代的功劳成为她自以为最坚实的底牌，这也是封建制度酿造的属于传统女性的悲哀。就这样，她在自己的猜测中一次次地体会失望，又一次次地在信念崩溃后重塑希望。

她决定要以庄重高贵的姿态迎接这次重要的晚餐，她要一如既往地收敛起自己的痛苦和委屈，对这个女人坚定随和，不会表现出嫉妒或生气。

傍晚，徐志摩带着那女学生准时到来，那女学生的样貌，深深地印在了张幼仪的脑海里。她留着短发，搽着暗红色的口红，穿着毛料的裙装，而她新式的打扮下，却裹着一双小脚，这令张幼仪十分诧异。

这女学生并不是她期待的新潮女性，她有些失望，又有些悻悻然。复杂的情绪，一根一根地刺进了她的心里。而后来的事实证明，她并没有猜错。因为这位明小姐不过是她的假想敌，并不是徐志摩真正的女朋友。而他真正爱着的那个女人，要远比她想象的更新潮、更自由、更知性。

吃晚饭的时候他们一起闲聊了一会儿，这位明小姐简单地介绍了自己的家世。后来，他们就开始讨论英国文学，这些是张幼仪不懂的。但是张幼仪注意到一个细节，徐志摩在说话的时候不停地看着地板偷窥明小姐的脚。而张幼仪对于这女学生的打扮始终满心地鄙夷，小脚与新式的打扮，是一个多么讽刺的矛盾。

她像一个旁观者一样对徐志摩产生了疑问，难道这就是他这两年一直约会的女人？全然忘记了自己是个悲哀的角色。

饭后，徐志摩送客回来后，张幼仪注意到徐志摩一直坐立不安十分烦躁，然后又在她身边转来转去，一副欲言又止的样子。这让张幼仪原本不安的心也开始浮躁起来，她对徐志摩充满了失望。

张幼仪收拾好餐具后来到客厅，徐志摩问了她对女学生有什么意见。这一切的情形，和张幼仪心中预想的相同，于是，她打破了最初为自己预设的端庄高贵的形象，直白地发表了意见："这个，她看起来很好，可是小脚和西服不搭调。"

这一句话说出后，徐志摩像被施了魔法一样，立刻停了下来，仿佛是找到了一个宣泄的出口，大喊道："我就知道，所以我才想离婚。"

张幼仪被徐志摩的怒吼惊住了，往日里他们虽然没有太多感情，但是他从未对她这样大声吼过。她并不知道自己说错了什么，更没有想到徐志摩会有这么大的反应。一瞬间，仿佛所有空气都被抽空，一种压抑感向她袭来，让她感到无处容身。她从后门出去，想让自己冷静下来。

见张幼仪如此反应，徐志摩也有些手足无措，他追着张幼仪来到阳台，气喘吁吁地说："我以为你要自杀！"

张幼仪抬头，望见了无边的黑夜。一转头，又望见徐志摩的脸。客厅里的灯光幽微地照在他的脸上，有一种恍惚的感觉。她感觉到，他们之间的误解、痛苦、分歧，融进了无边的暗夜，刺痛着她，包裹着她。那唯一的光明，也并不是她的救赎。

几天后，徐志摩忽然消失了，不见了踪影，将无尽的痛苦和悲哀抛给了张幼仪。她在无垠的时间里反复咀嚼着被抛弃的伤痛，苦苦地等待着，却又始终不敢想象，自己最终等到的将是怎样的结局。

一把秋天的扇子

有人说，最难过的事情莫过于别离，其实不然。消失，远比别离要令人难过得多。当你对一个人充满希望，当你对一个人投入了太多感情，当你习惯了生命中有那样一个人的存在，他却突然之间消失不见，那种失落和不安，那种迷茫和委屈，能将人生活中的那点光亮一点点吞噬，最后只剩下黑暗。

他走了，就这么洒脱地、决绝地走了。没有一点儿预告，没有一点儿防备，他就这样从这个属于他们的临时小家里消失了。卫生间里仍然摆放着他的牙刷和牙缸，打开衣柜，里面挂满了他的衣服。看起来一切都没有变，他好像随时都会回来，可又确实没有回来。再也得不到他的一点儿信息，不知道他去了哪里、在做什么、和什么人在一起。

那一天他离开，和往常一样，并没有什么不同，只是到了夜里，幼仪等到很晚都没有等到他回来，就先回房睡去了。第二天早上，幼仪醒来，没有听到身边的呼吸声。转过身，身边空空的，另一半床没有温度，也没有睡过的痕迹。或许他去了朋友家住，幼仪安慰自己，今天晚上他就会回来了。

一整天，幼仪重复着那些简单的家事，心里却总是略微感到不安。平日里徐志摩虽然不理睬她，每次回家吃完饭后会很快离开，可至少能见到他的身影。这天中午，他没有回家吃饭，这天晚上，他仍然没有回家吃饭，他几乎不会连续一天都不出现在幼仪的面前，这有些奇怪。

一晚、两晚、三晚……幼仪一次次安慰自己，或许是孩子的事让他感到太压抑，想在朋友家多停留两天，不会太久。可是，一连七天他都没有回来，就连电话都没有一个。租下他们书房的郭虞裳见到这样的情景，知道他们之间一定出了事，再住下去多有不便，于是也带着行李离开了。毕竟孤男寡女同住一间房子，即使是各住各的房间，也不太方便。

徐志摩当初主动邀请郭虞裳租下他们的书房，因为他对和幼仪在同一间房子里独处这件事感到别扭。或许在徐志摩看来，房子里多一个人，这房子就不是只属于他与张幼仪两个人的私人世界，他也就不需要太在意家里有这样一个女人。郭虞裳住进来后，应该也多少看出这对夫妻的关系不是很好，只不过他并不是多事的人，白天徐志摩不在家中的时候，他基本都在自己的房间里学习。他看得出这个女人很在乎这个家庭，为了家庭付出了很多。有时他从房间里出来，遇到幼仪，也会和她交谈几句，或者休息的时候陪幼仪去买菜。徐志摩消失了，郭虞裳感到没办法继续住在这幢房子里，便找了借口离开。

房子里突然只剩下幼仪一人，这让她有种说不出的心慌。两室的房子瞬间变得好大、好空，除了自己的脚步声、呼吸声和心跳声，房间里什么声音都没有，安静得可怕。

怀孕的虚弱，太过空荡的房间，以及对徐志摩不告而别的担忧让幼仪的精神变得非常脆弱。有时，她会觉得房间里有人走动，每当外面有响声，她都会以为是徐志摩回来了。白天，她可以让自己多做些家务，忙碌一些，再忙碌一些，这样时间就不至于那么难熬。到了夜里，再没有什么可以打发掉她的寂寞，再没有什么可以分散她的注意力，那才是最难熬的时候。

一个人的房间里，无尽的寂静和黑暗包裹着她，让她有些呼吸困难。当她一个人躺在那张双人床上的时候，那碰不到边际的床像是要将她吞噬的深渊，令她没有一点儿安全感。徐志摩在的时候，即使他不会伸出双臂将她轻轻地拥抱在怀中，不会在她的耳边轻声细语地说着动人的情话，不会温柔地爱抚她的头发，至少，床的另一半不是空的，那冷冷的呼吸和心跳在漆黑的夜里都能够成为一种安慰，让幼仪的心平静下来。

徐志摩不在的那些日子里，幼仪将自己关在房间里，几乎不出门。她一个人吃得不多，徐志摩不在，她就无须出门买菜。每一天，她在房间里不知自己做了什么，梦游一般在房间里走来走去，或者干脆坐在那里发呆。没有人来叫醒她，没有人来问候她，孤寂是她全部的陪伴。

幼仪感觉自己就是一把"秋天的扇子"，天热时被人拿去使用，天冷时被人遗弃一旁。可是，她真的曾被人需要过吗？仔细想想徐志摩自结婚以来对她的态度，似乎在他们的世界里，从来没有过夏天，也从来不曾需要过扇子。在硖石老家，扇子是用来纳凉的，一到夏天，各种各样的扇子摆满了托盘，有些精致，有些珍贵，有些高雅，有些简约。那样的扇子才有夏季和秋季之分，才会有被人们争相持有，又置之一旁。相比之下，幼仪却只像一把用来生火的扇子，只有做饭时才被需要，其他时间里就被扔在角落，忍受着烟火灰尘的侵袭。

一个被丈夫遗弃的女人，还有什么活下去的意义？当这样的念头从幼仪的脑海中闪过时，她拼命地摇了摇头，将这念头压了下去。"身体发肤，受之父母，不敢毁伤，孝之始也。"幼仪从小就被这样教育过，一个人的身体不属于自己，而是属于他的父母，即使只是无心伤害都属不孝，何况结束生命，更何况是同时结束两条生命。结束自己的生命是不孝，断了夫家的后代更是不孝。幼仪想到这些，努力克制住自己想死的冲动。

多少次，她不敢靠近阳台和池塘，生怕自己一时冲动迈出脚步，从那边缘坠下。多少次，她努力让自己远离厨房，生怕将瓦斯拧开就不再关上。这样的日子持续了很久，直到一天，一个陌生男人的来访打碎了她的平静，也切断了她最后一丝希望。

清脆的敲门声响起，一个陌生男人站在门外，说他代表徐志摩来与张幼仪谈谈。幼仪将他让进房子，请他坐在桌子的一边，然后为他倒了杯茶，之后，她走到桌子的另一边坐下。

两个人就那么隔着桌子坐了一会儿，那个男人打破了沉默。他说，他叫黄子美，是徐志摩的朋友，徐志摩如今人在伦敦过得不错，他此次前来，为的是代替徐志摩问幼仪一件事。黄子美的话说得并不连贯，不知是在思考要如何将这些话讲出来，还是在回忆徐志摩是如何告诉他那些话的。他一边说，一边停顿，这让幼仪的心感到了一种怪异的紧张，她似乎预料到面前这个男人将要说出的话，必然是她难以接受的。

"他想知道……我是来问你，你愿不愿意做徐家的儿媳妇，而不做徐志摩的太太？"黄子美想了许久，终于将话说完，他在说这些话的时候一直观察着幼仪，想看看她会有什么样的反应。幼仪没有听懂他最后一句话的意思，所以没有立刻回答。"这话什么意思？我不懂。"她问。可是对方并没有回答她的提问。

黄子美见幼仪开口，似乎以为已经打破了僵局，于是继续说："如果你愿意这么做，那一切就好办了。"说完，他顿了顿，深吸一口气，仿佛要公布什么重大消息一般。"徐志摩不要你了。"说完这句话，他终于露出一种如释重负的表情。替人宣布离婚这件事实在太难开口，如果不是徐志摩拜托他，他一定不会做这样尴尬的事。

幼仪的心里早有预感，她也知道徐志摩说的那些关于离婚的话并不是笑话或恐吓，都是真的。可是听完这些话，她的心还是突然停跳了一下。她呆呆地坐在那里，问对方，如果徐志摩要离婚，她怎么可能还继续做徐家的儿媳妇？黄子美的心里其实有些害怕，他听说这个女人是个死板的旧式女人，他很担心幼仪会突然做出什么可怕的事情。

幼仪看到黄子美端起茶杯，悠悠地喝了一口，突然间，她的心像是火山爆发了一般，血液不断向上涌，让她心中充满了气愤。她第一次用不符合她一贯作风的表情和语气说出了一句带着怨气的话。她质问黄子美，徐志摩是不是忙到实在没有时间见她，连这种蠢问题都要别人替他转达。

黄子美只听说这位夫人性格温顺，对徐志摩言听计从，没想到她的身体里会爆发出如此大的能量。他慢慢地退出了房门，就在他退出的那一刻，房门被狠狠地关上了。

第七章

绝望·重生·浴火凤凰

告别伤感的沙士顿

　　前往，是因为希望；离开，是因为绝望。多少情侣在分手后一遍又一遍地重走曾经有过浪漫幸福的那些地方，一边怀念，一边伤情，一边心痛，想让自己痛到极致最后麻木；多少人在受伤之后拼命地逃避，逃向一个完全陌生的地方，避开任何一丝熟悉的气息。离开，是人们惯用的一种疗伤方法，用离开省去继续煎熬，用离开促使自己遗忘。

　　关上门，幼仪的坚强瞬间瓦解，这么久以来的坚持，此刻化为无数的灰烬，在关上门的那一刻，静静地飘落。她的心碎了，情也碎了。一生中第一次反驳用掉了她太多的勇气，她努力支撑着自己，才没有被这样的消息击倒在地。怎么办？她想来想去都没有想到最妥当的方法，最后，她决定写信向二哥求救。

　　三个月了，那个新生命在她腹中已经生活了三个月，这时无论如何都不可以再去打掉了。孩子的父亲不要她，不要这个孩子，她却无法真正做得那么决绝。她此时才明白徐志摩为什么在离开之前突然不再要求她将孩子打掉，她以为他改变了主意，她以为他还是舍不得流着他血脉的小家伙，原来，他早已决定离开。他一定在想，只要离了婚，幼仪与他没了关系，她也就不会再想要留着这个孩子了，即使留下，这个孩子也与他无关了。

幼仪提起笔，颤抖着在纸上写下她这段时间经历的事情，那些事情历历在目，又一次让她心痛。写完信，幼仪找出一封二哥之前写给她的信，抄下上面的地址。她抄得很费力，字迹歪歪扭扭的，这让她感到有些难堪。抄完地址，她将信小心翼翼地封好，寄了出去。

寄信的路不是太远，她却走了很长的时间，一直走到天黑。回到家中，屋子里漆黑一片，寂静极了。就是这里，就在这里，她曾满怀希望和喜悦住进来的地方，如今却成了最让她难受的地方。屋子里已经快要感受不出徐志摩的气息了，所到之处，只有她自己的呼吸声和脚步声。她点亮客厅里的灯，客厅亮了起来，其他房间里仍然好像昏暗的手，想要将这片光亮吞噬。她又走进卧室，点亮卧室的灯，最后，将整个房间里的所有灯都点亮了。

灯光照亮了整个屋子，也照出了她的落寞。她独自坐在房间里，一滴泪落下，然后一滴接着一滴无法停止。徐志摩离开之后，她一直告诉自己要坚强、要隐忍，一直将自己的伤痛深深地压抑在心里，这不是她第一次难过，却是她第一次哭泣，内心的伤痛终于有了一个出口，止不住向外涌。

她等着，等着，如果此时还有什么人可以给她希望，还有什么事能让她找到活下去的希望，而不是为了遵守孝道苟延残喘，那便是二哥的信。她相信见多识广的二哥会给她最好的意见，他一定可以帮助自己做出正确的决定。可是，她忽略了一点，便是二哥对徐志摩那强烈的欣赏之情。她的二哥与徐志摩是相识相惜的好友，在某些方面，他们是同类人。二哥了解徐志摩的理想和抱负，但他不了解徐志摩对家庭、婚姻和感情的态度。

二哥在回信中写的第一句话是："张家失徐志摩之痛，如丧考妣。"对于徐志摩提出离婚的事情，二哥最先在意的不是幼仪的情绪，而是徐志摩要与张家无关这一事实。在二哥的心里，徐志摩的地位不亚于张家任何一个人，反而要高于张家的很多人，至少，高于幼仪在张家的地位。"万勿打胎，兄愿收养。抛却诸事，前来巴黎。"二哥最后还是向幼仪表明了他的主意，于是幼仪开始收拾行李，准备离开沙士顿，离开这个伤心地。

住了那么久，家中的每一个角落都熟悉得不能再熟悉，为了这个家置办的种种都静静地在它们应有的位置上看着幼仪，让幼仪有种恍惚的感觉，仿佛一切都没有变。可是，她也知道，一切都变了。若是最初徐志摩还愿与她勉强共度，现在的情形便是回天乏力。她一件行李一件行李地收拾，想要带走所有能带走的东西。她也想带走徐家人寄来的冬瓜，可是运送实在不方便，最后只好将它们留在那里。

徐志摩不在，幼仪没有坐飞机，而是选择了坐船去巴黎。船行驶得缓慢，一路上，幼仪在船舱里突然想明白了一些东西。徐志摩离她而去，放弃了她，放弃了他们的孩子，放弃了他们的未来，那么，他便不再与她的未来有任何关系了。她可以不用再去按照他的意愿生活，将自己打造成一位贤良的妻子，放弃自己真实的想法，放弃自己的灵魂，只做一个无声无息的娃娃。她不再需要勉强自己去适应他的生活和习惯，不再需要以他的感受和观念束缚自己的思想……一路上，幼仪想了很多很多，这是她第一次从自己的角度去看问题，也是她第一次违背徐志摩的意愿。

第一次去巴黎，是徐志摩带她去的，那时他嫌弃她的衣着，拉着她去百货商场买衣服，换了一件又一件都不满意的表情，而当他与售货员用不知名的语言交谈时，她只能像一个傀儡娃娃一样站在那里任人摆布。再度去巴黎，只有幼仪一个人，一路上想了太多的事情，她竟然不知道自己是怎么到达那里的，一切都像在梦游一般。二哥接到她的时候，她还恍如在梦里。

在二哥家住下，期待着有一个新的开始，却发现这一次天真的不只有自己，还有二哥。幼仪的二哥是一个学术型的人，他热衷于他的学业，每天都沉浸在大批学术著作中，连自己的生活都没时间打理，更不要说照顾幼仪和她肚子里的孩子。见到二哥如此，幼仪只得担任起照顾家庭的责任，帮助二哥料理家事。起初，她以为真的可以在生孩子之后，将孩子交给二哥抚养，如今看来，这是不可能的事。二哥根本无力照顾孩子。

幼仪又一次想到了徐家，想到了徐家的公婆和老太太，从他们对阿欢的疼爱上来看，他们一定也会接受并喜欢这个未出世的孩子，无论她与徐志摩最后走到哪一步，这个孩子还是徐家的骨肉，他们不可能不管他。如果真的离婚,将孩子送回徐家不失为一个好办法,这样徐家人会很喜悦,阿欢也可以不再孤单。只是,当初徐家将她送来国外是为了让她照料徐志摩,提醒他对徐家的责任,如今二人走到这步,若是她一个人回国,徐家人会如何看她呢?若是她与徐志摩离婚的消息传到镇上,镇上的人又会如何看她呢?

新法律中规定,男女双方可以在协商后办理离婚手续,哪怕没有任何理由,只要双方都同意,就可以离婚,并且不需要向任何人做解释。可硖石只是个小镇,那里的人观念还是很传统,他们不可能接受因为感情破裂而离婚的说法。在硖石人眼中,只有犯下"七出"之一的女人才会被丈夫要求离婚,离婚这件事,只可能是女人的错误,不可能是男人的错误。那么,若是真的离了婚,她是不是就会令张家人抬不起头来?甚至,张家会不会再让她进门?

按照孝道礼俗,离婚不仅要有具体原因,还要离婚的两个人都达到规定的年龄。徐志摩决定离婚时二十六岁,张幼仪才二十三岁,如果他们想要离婚,没有双方家长的同意也是不行的。幼仪想,徐家人对她很满意,应该会极力让他们维持这段婚姻,而张家人对徐志摩的喜爱已经远远超出了对女婿的喜爱,他们甚至把徐志摩视为亲儿子一般,自然也不可能同意他们离婚。可是,从徐志摩和她如今的关系上看,离婚却是唯一的,也是最好的办法。

考虑再三,幼仪决定,先不将徐志摩要与她离婚的事情告诉徐家和张家。她写信给张家,告诉他们自己又怀孕了,徐志摩暂时与她分居,住在英国伦敦,而她去了法国巴黎的二哥家,一边待产,一边学习。徐家听说幼仪又有了身孕,全家都很欣喜,所以他们见幼仪在信中提出需要钱读书和养小孩，便立刻寄去了一张二百美元的支票，并答应幼仪会每月寄钱给她，嘱咐她一定要照顾好自己的身体和孩子。

握着在沙士顿剩下的一点点钱和徐家新寄来的支票，幼仪在巴黎开始了她新的生活。

小 脚 与 西 服

转眼又一个月过去了，幼仪的身体出现越来越重的妊娠反应，她吃不下饭，睡不好觉，还要照料二哥的生活。她的二哥每天见她这样，却无能为力，心里不免有些着急。为了让幼仪在怀孕期间过得好一些，二哥为她找了一户可以借住的人家。那是一对来到巴黎大学学习的夫妇，男主人姓刘，名文岛，和二哥曾一起参加过巴黎和会。

刘文岛家住在巴黎附近的一个小村子里，地方比较偏僻，却也宁静舒适，是个休养的好地方。沿途经过的地方看上去和沙士顿有些相似，一些低矮的房舍零星散落在田地里，泥土的气息让人感到踏实。

幼仪的二哥对刘文岛夫妇解释，徐志摩出门游历去了，他不放心幼仪一个人住，也没办法照顾幼仪，所以请刘文岛夫妇代为照料。刘文岛夫妇对幼仪的到来表示欢迎，他们夫妇人都很好，很有礼貌，很亲切，幼仪的心里稍微平静了许多。

提起徐志摩，刘文岛显得很兴奋，在他眼中，徐志摩为人活泼，思想活跃，不但有着先进的思想，还总能让朋友们感到快乐，与幼仪的二哥都是值得尊敬的人。听到别人这样评价那个马上就不是自己丈夫的男人，幼仪的心中满是矛盾和无奈。本该表示感谢的，本该感到骄傲的，可是在她看来，那个男人对待外人和对待她实在天差地别。她不能与任何人说，你们口中那个热情活泼的人对她非常冷漠，他一直对她很残忍，如今还要离婚。她只能努力让自己的笑容看起来比较自然，感谢刘文岛夫妇对她的收留和照顾。

从房间的布置上能够感受得到，这是一个温馨的家庭，夫妻二人都很有学识，也非常和睦。刘文岛的太太是个亲切的人，她带幼仪参观了他们为她收拾好的房间。房间在二楼，光线很好，里面的布置简约雅致，让人感到心安。听说幼仪想要学习，刘太太建议她先学习法语，并为幼仪推荐了一位法语老师。见到刘文岛夫妇如此欢迎和照顾自己的妹妹，幼仪的二哥感到很放心，他庆幸自己选对了人。傍晚时分，二哥便返回了巴黎。

无论对方怎样亲切，可毕竟是寄人篱下，幼仪有时还是会感觉不太自然。每次看到刘文岛夫妇亲切地交谈，看到刘太太能够自由地去大学读书，她都有些羡慕，那正是自己一直以来期望却不曾过上的生活。

刘太太向幼仪讲述过她出国念书的过程。刘家也是一个传统的家庭，对于儿媳妇在外面抛头露面这件事很难接受。为了说服公婆，他们夫妇做了太多的努力，恳求了无数次，公婆最后才允许她和丈夫一起来到巴黎。她不了解幼仪的情况，以为幼仪和自己是一样的，却不知情况恰好相反。所以她自然不能体会幼仪在听她讲述那些事情时，心中是怎样一番感受。

幼仪一直认为，徐志摩对她的排斥只是因为成见和不理解，在刘文岛家生活的那几个月里，她竟然突然之间开窍了。法国乡下的生活让她见识到了什么才是西方生活，也渐渐了解了什么才是西式思想。她一直以为徐志摩眼中的小脚是真真实实被缠过的脚，却没有想到还有更深一层的意思，便是被旧思想束缚的思想和灵魂。没有了徐志摩，新的生活让她终于意识到自己和那些新式的女人有什么不同，也意识到自己确实如徐志摩一直认为的那样，是个缠过脚的女人。

刘太太和丈夫白天一起在巴黎大学学习，晚上一起回家吃饭休息。他们生活上的和谐，并不是靠一方的顺从和忍让维系的，而是因为他们的思想能够交流。刘太太没有因为学习而放弃对家庭的照料，也没有因为家庭放弃对学习的渴求。刘文岛应该也是感受到了她心中那份热情，才会全力支持她、配合她，帮助她从那个旧式的家庭中走出来吧。回头看看自己，从小只知道一味顺从，从来不敢反抗，不敢表达自己的想法，有时甚至没有自己的想法。一切都只为了一份期望，一份别人对自己的期望，却不是自己对自己的期望。

幼仪一直以为自己想要成为一名新式女性，她羡慕那些出门求学的女子，以为读了书，自己就不一样了，直到阻碍出现，落到她的头上时，她才明白，自己的意志并没有想象中那么坚决。说是不想违背家庭的意愿，说到底还是从内心认可那些古老的习俗和传统。正因为认可才会听从，才会不去反抗。束缚是自己给自己的。当幼仪意识到这件事时，她的内心真正地发生了改变。

这一刻，幼仪决定做一个真正的新式女性。她打算接受徐志摩的离婚，然后留在欧洲，自谋生路，不再依靠任何人，但是在这之前，她还是需要继续依靠徐家一段时间，否则，怀孕的她没有任何收入，无法照顾好肚子里的孩子。

在巴黎乡下生活的那段日子里，幼仪为自己的未来定了一个目标，她想成为一名老师。那个对生活和未来没有一丝希望的张幼仪不见了，那个因为被丈夫遗弃感到世界坍塌的张幼仪不见了，那个只懂得唯唯诺诺顺从的张幼仪不见了。心中的负担放下后，她的气色也渐渐好了起来，没有人看得出她是一个被丈夫抛弃而孤苦伶仃的孕妇。她的变化甚至把急匆匆赶来看望她的七弟吓了一跳。

幼仪的七弟出国前去看望了徐家人，并受到徐家人之托给徐志摩带一小包蜜饯。当时他和所有徐家人以及张家人一样，完全不知道姐姐在国外的真实情况，只知道姐姐怀有身孕，住在巴黎调养身体。直到来到巴黎的前一天，给二哥打了个电话，才知道姐姐竟然被徐志摩抛弃了，一个人承担着。七弟的身上向来有着女子的敏感和细腻，得知姐姐的处境后心疼不已，急忙赶来看望姐姐。见到姐姐的那一刻，他便哭个不停，反而是幼仪在一旁劝了他好久。

有些时候，精神上有了寄托的人，往往更容易活得快乐轻松些。即使生活艰难辛苦也甜。说起来，幼仪前半生的艰辛，并不是因为她真的生活得有多么艰苦、经济有多拮据，只是因为她一直活在别人为她设定好的框框里。而她自己头脑中的那些束缚，也让她难以快乐起来。一旦这些框框不复存在，那些束缚抽离她的头脑，思路就变得清晰，视野就变得开阔，整个人也就精神了许多。

幼仪的七弟本以为会看到一位憔悴忧郁的姐姐，却不想见到的姐姐比之前在家中还要有精神，悬着的心总算放下了。心情平静下来后，他便开始关心姐姐的日常生活，平时都吃什么，合不合口味，休息得好不好之类，那种关心真的像个女孩儿一样。他告诉姐姐，第二天一早他便会动身去德国，因为那里的生活比较划算。为了能陪伴和照顾姐姐多一点，七弟晚上没有去事先定好的旅馆，而是留在了幼仪身边。看着伸着双腿睡在躺椅上的七弟，幼仪知道，他真的心疼她、关心她，她的心中涌起一股暖流。

七弟离开后，幼仪突然意识到一件事，她应该去德国，和七弟待在一起。性格细腻的七弟一定能够将她照顾得很好，而且据说在德国生孩子要比在法国生孩子还要安全，做了这么久的努力，她希望她的孩子能够在最安全的环境下出生，平安快乐地成长。不再犹豫，幼仪立刻收拾行李，待刘文岛夫妇回到家中后，向他们表明了自己的去意和谢意，就动身前往七弟在巴黎住的旅馆，她已托前台给他留言，在那里集合，然后一同去德国。

又一次离开，这一次不是被迫，不是无奈，而是遵循了自己的心意。幼仪离开了刘家，离开了巴黎，离开了刚刚熟悉起来的国度，前往另一个未知。她的心里不是没有不安，不是没有忐忑，但却没有恐惧。她已经决定，自己选择的路自己走下去。

自由离婚，止绝痛苦

德国，柏林，新的开始。

人们常说十月怀胎，事实上，从怀孕到生产，只要九个月。离开巴黎乡下时，幼仪已经怀孕近八个月，距离那个小不点儿出生，只剩下一个多月的时间。七弟确实将她照顾得很好，洗衣做饭，打扫房间，都是由七弟做的。真如以前在家中人们开玩笑时说的那样，七弟比幼仪更像一个女孩儿，很多幼仪想不到的细节，七弟都替她想到了。

幼仪一直希望肚子里的是个女孩儿，一个像她一样的女孩儿，而不是像徐志摩一样的男孩儿。若男孩儿注定是徐家的，那么女孩儿便可以属于她自己，成为她生命的延续，还有心里的支撑。很多次，她都在想，如果出生的是女儿，应该用什么样的方式去照顾她、教育她。幼仪想，自己一定不会像张家人教育自己那样，将女儿变成另一个没有思想没有主见的傀儡娃娃，不会约束她的意愿，她想做什么就让她去做好了。她会让她去读书，学习那些新思想，这样便不用一辈子为别人而活。可是孩子出生那天，她失望了，又是一个男孩儿。

孩子出生那天，七弟将幼仪送进了产房便离开了，他说，产房那样的地方不适合男人。一位德国医生帮幼仪接生，并称赞她是他见过的病人中最勇敢的。幼仪苦笑，再困难、再痛苦的她都经历过了，这又有什么呢？在生产的过程中，她安静极了，没有说话，也没有大声喊叫，生产过后，她一个人躺在病房里，看着周围雪白的墙壁，等待着出院。

没有人来探望她，没有鲜花，没有礼物，没有补品。病房里空荡荡的，只有她一个人。她想起儿子刚刚出生时的样子，活脱脱一个徐志摩的翻版。徐家人若是知道她又生了一个儿子，一定会比她还要开心。而徐志摩若是知道，幼仪没有听他的话将这个孩子打掉，他会怎么看呢？她不知道当时的徐志摩正沉浸在与林徽因的热恋之中，早已忘记了她，忘记了她的身孕。或许他认为，这个孩子早就不在世上了吧，甚至他会觉得，即使这个孩子生出来也与他无关吧。

恶露流得厉害，幼仪只好在床上静养。躺在床上没有事情做，时间就过得格外缓慢。一星期过去了，终于到了可以出院的时候，接过幼小的婴儿，幼仪突然意识到一件事，她竟然从没为这个孩子的到来做任何准备。孩子的被子、奶瓶和小床都没有准备好，这些并不要紧，商场里很容易就可以买到。可是，心理上的空缺，却不是那么容易就可以填满的。之前，她只想着孩子出生后自然会有办法，于是只顾着学习法文，可是孩子真的出生了，她却彷徨了。

幼仪不知道要怎么办，她对医生说，她担心自己无法一个人抚养小孩儿，她问医生，是否可以将孩子寄放在医院一段时间。医生安慰她，孩子和她都很健康，不需要继续留院了。在幼仪的一再请求下，医生终于同意暂时代为照看孩子，但只是暂时。拖着虚弱的身子离开医院之后，幼仪有些迷茫，她应该何去何从？最后，她还是决定去七弟那里，毕竟七弟是她的家人，对于一个刚刚生产过的女人而言，没有什么比和家人住在一起更好的了。

七弟接到幼仪的电话，将她带回家后，交给她一封信，说是吴经熊送来的。看着信封上熟悉的字迹，幼仪知道，信是徐志摩写的。这是徐志摩消失后第一次给她写信，她不知道徐志摩从哪里得知她的住址，而后一想，她并没有存心逃避，他知道她的地址自然比她知道他的地址容易得多。如果在之前，幼仪一定会马上把信拆开，迫不及待地阅读信里的内容，这时，她却冷静了。她向七弟要了吴经熊的电话号码，然后拨了过去。

吴经熊接起电话，听幼仪报上姓名之后，声音显得有点儿紧张，显然，他已经知道了徐志摩与张幼仪之间的情况，也大概清楚这信里交代的不是什么令人愉快的事情。徐志摩将信交给他的时候，他就看出一些。听到幼仪的询问，吴经熊清了清喉咙，说道："噢，这个，是徐志摩叫我把那封信拿给你的。"

"你的意思是说他人在城里。他人呢？是不是和你在一起？"虽然早有预料，可当确认了徐志摩和自己同在一个城市时，幼仪还是没能控制住自己的情绪，声音也不由得提高了几分。当她意识到这点之后，她立刻觉得有些讨厌，讨厌自己还是如此在意徐志摩的事，讨厌自己会因为他失去内心的平静。而吴经熊显然也感受到了她的激动，他有些尴尬，急忙说："别管那么多了，只管读那封信吧！"

打过电话，幼仪看到七弟夹了几本书走出卧室，说要出去复习功课。她知道，七弟不想介入她与徐志摩的事情中，那毕竟是他们夫妻之间的事，即使是亲人，也帮不上什么忙。

打开信，徐志摩漂亮的字迹映入眼前，一字一句都在诉说着无爱的婚姻对他的折磨：

"真生命必自奋斗自求得来，真幸福亦必自奋斗自求得来，真恋爱亦必自奋斗自求得来！彼此前途无限……彼此有改良社会之心，彼此有造福人类之心，其先自作榜样，勇决智断，彼此尊重人格，自由离婚，止绝苦痛，始兆幸福，皆在此矣。"

在开信之前，幼仪便料到了徐志摩会在信中写些什么，无非是希望她可以同意与他和平离婚。与徐志摩结婚多年，虽然他总是不理她，对她总是一副拒人千里之外的态度，但她也已经了解他了，自然再也不会希望他能够回心转意，请求继续做他的太太。他说的话都是些动听的话，若是不明真相的人读过，一定会认为写信的人是位有情有义的好男人，一定会认为要离婚的这两个人之间一直平静如水，真的是友好协商后决定离婚。只有幼仪知道，真实的情况不是这样。他只是不小心忽略了，或者故意忽略了一些他所犯下的错，掩盖了他曾做过多少伤人的事情。在他看来，或许那些事情几句话轻描淡写就可以略过，可对于一个女人，一个自始至终都在默默付出的女人，那些事情带来的伤，早已结成了无法平复的痂，将伴随她一生。

读过徐志摩的信，幼仪未复原的身体感到更加虚弱。她没想到这个男人竟然懦弱到这个地步，不承认自己的所作所为，连离婚都不敢当面提出来。她再次给吴经熊打电话，要求与徐志摩见面，她要与他当面把话讲清楚，她不能允许徐志摩一次又一次无视她的存在，不将她当作一个真实的人对待。张幼仪从来不曾表明过如此坚决的态度，她对吴经熊说，她明天早上会去他家与徐志摩见面，并请他转告徐志摩。

为了第二天的见面，幼仪需要充足的休息，当七弟回到家中时，她还躺在卧室里。七弟没有问许多，为姐姐做了晚饭。幼仪吃过饭后，便早早上床休息了。她的身体还没有完全恢复，但是想到要与徐志摩见面，她知道，自己不可以流露出虚弱或软弱。那个男人已经看不起她太多年，她不会让他到了最后还是看不起她。虽然，她还不确定徐志摩会不会同意与她见面。

最后，她还是见到了徐志摩，他不是一个人出现的，与他一起的还有他的四个朋友。幼仪故作镇定地先开口，泪水却在他提到老爷和老太太时决堤。"我已经告诉我父母了，他们同意这件事。"徐志摩显得有点儿急切。

"你有父母，我也有父母，如果可以的话，让我先等我父母批准这件事。"幼仪想到家中的父母一直在期盼她与徐志摩团聚，仍有些不忍。可是她刚这样说完，徐志摩便急躁了，他终于向幼仪说明了他会突然急于离婚的原因。原来，一切都是为了那个女子，那个令他深爱不已、魂牵梦萦的女子——林徽因。原来，他急于与自己离婚，只是因为林徽因要回国了，他害怕失去她，所以想以一个单身男人的身份去追求她。

"那……好吧。"原来是这样，原来，是这样。幼仪心里清楚，无论自己怎样坚强，终究还是败了，败给他的自私，败给他的自大，败给他的自以为是。她接过徐志摩手中那些文件，对他说："如果你认为离婚这件事做得对，我就签字。"仍然和以前一样服从的语气，让幼仪又怀疑自己究竟是真的成了新式女性，还是依旧改不掉那服从的习惯。她只有不停地在心中劝说自己，这是为了自己好，为了自己的成长，为了自己的新生。

徐志摩对幼仪的表现感到很满意，这或许是他与幼仪结婚以来第一次对她感到满意的时刻，讽刺的是，这竟然是在她同意与他离婚的时候。不管怎样，婚总算是离了，对他而言，他得到了自由，得到了解脱，而对她而言，新的生活即将开始，无论怎样她都会坚持下去，只靠自己坚持下去。

德 国 的 重 生

在离婚协议上签下字，一对男女的婚姻就走到了尽头。而在之前，所有的不快，所有的幸福，所有的所有，都过去了。无论因为什么而离婚，理由都不重要了。

徐志摩那满脸的笑容和满口的理论让幼仪感到虚伪和反胃。说什么为了摆脱旧习气，说什么要开创先例，明明是为了自己，还要说得那么冠冕堂皇。文件上承诺的五千元赡养费，幼仪后来并没有拿到，所谓的和平离婚，不过是个过场。签过字，看着欢天喜地的徐志摩，幼仪知道，这个男人从此真的与她再无关系了。

徐志摩知道幼仪又生下了一个男孩儿，要求去医院看看。他隔着玻璃看着孩子，满是欣赏的眼神，像欣赏一件精致美丽的艺术品，那里面明明是个有生命的小家伙，他却没有想任何与这个生命有关的事，没有想过他要怎么生活下去，要怎么长大。他更不会去想这个小家伙的母亲要面对多少艰难，要面对多少坎坷。也许在他这样的诗人的脑子里，从来不曾有生活，只有梦吧。徐志摩看过孩子后便离开了，没有提出要把孩子带走。

有时，人内心的恐惧来自于拥有。害怕拥有的会失去、会改变，患得患失中，勇气一点点被耗尽，激情一点点渗出身体，最后整个人都疲倦了。当什么都失去的时候，人反而更容易变得坚强。一无所有的人是不会害怕的，因为，他们已经没有什么可以失去，他们的生活只有两种：维持现状，或过得更好。

幼仪抱着孩子站在德国的街头，她知道，离婚后，徐家不会继续支付自己生活费，如今，一切的一切，都掌握在自己的手中了。在这个陌生的国度里，她不需要在意别人的眼光，不需要在意家人的想法，她是一个独立的人，一个与徐家、张家、浙江硖石都没有关系的人。怀中的婴儿要指望她才能活下去，为了自己，为了孩子，她必须努力坚强。

有时，幼仪也会坚持不住，想要回家，可一想到回去后周围人的指指点点，家人的不理解，张家会因她而遭人耻笑，颜面尽失，那种沉重的压抑就会像杂草一般疯长，让她透不过气。在老家，离婚这件事永远是女人的错。无论理由多么动听，无论究竟是谁的责任，最后受人冷眼的、被人指责的，永远是女人。未经父母同意便离婚是不孝，若是在这时回家，不但不孝，而且不敬。每一次想要回家，幼仪都靠着这些理由最终让自己打消了念头。她一定没有想到，三年之后，她竟然再也不会因别人的议论而感到难堪。当别人在她面前谈论她的婚姻、议论她如何如何时，她能够平静面对别人的目光，那份从容反而让对方心虚。

1922 年的柏林是一个飞快发展中的城市，城市中到处是新建的旅馆、百货公司、咖啡店和餐馆。在这样一个城市中，想要找到一份工作并不难，但首要问题是解决语言不通的问题。幼仪在巴黎时学的一点儿法语在这里派不上什么用场，想要重新开始，她必须学习德语。幼仪的二哥曾在柏林上过学，他为幼仪介绍了一位他上学期间认识的朋友朵拉。

朵拉很温柔、很亲切，幼仪很庆幸在柏林有她照应，否则她真的不知道要如何在那里生活下去。朵拉为她请了德文老师，从头开始教她德文。几个月的紧急补习之后，幼仪的德语有了很大的进步，她可以听得懂人们简单的交谈了。朵拉还帮她申请到了去大学就读的机会，并提出在幼仪上学期间，她可以代为照顾幼仪的孩子。

幼仪给孩子起了一个德国男孩儿的名字——彼得。朵拉非常喜欢彼得，她用教育德国孩子的方式教育和照顾着彼得，看起来就像孩子的亲生母亲一般。幼仪对朵拉的感激简直无法用言语表达，而朵拉一直都是那么亲切、那么温柔，让她感到多少感谢的语言都是多余的。于是，幼仪放心地去学校了。

朵拉为幼仪申请的是裴斯塔洛齐学院，一所师范类的学院。幼仪在所有培训班中选择了对语言要求最低的幼稚园老师培训班。班里所有的学生都是女生，这让幼仪想起了在苏州女中读书时的情景，唯一不同的是，这里的学生都是外国人，学的课程都是德文授课。在所有学生中，幼仪的年龄几乎是最大的，班里的女孩们对这位中国同学很好奇，也很友好，当她们知道幼仪是一位单亲妈妈后，她们对她便多了几分照顾。

如此难得的学习机会，幼仪自然不会放过。但很快她便发现这里的教学与国内不同，需要死记硬背的东西非常少，需要理解的东西却特别多。这里的老师要求同学们学会观察儿童，并鼓励儿童凭借他们自身的感觉和经验去学习，这种教学法和蒙特梭利的教学法有几分相似，都是以孩子为主、老师为辅。也许因为自小常做女红，幼仪的手比班上大多数女生的手都灵巧，她做出的手工作业也总能够得到老师的称赞。有一次，老师竟然让她带领班上的同学一起做手工。

从小到大，除了童年时因为乖巧听话而得到过父亲的喜爱，再没有人欣赏过她，哪怕她为徐家做了那么多，那么用心地侍奉公婆和丈夫，也没有人真正地欣赏过她。徐家人只是将她视为一个合格的媳妇，而不是一个独立的优秀的女人。在培训班的这段日子里，幼仪真正地得到了赏识，她也渐渐地以一个独立女人的姿态生活起来。她那些优秀的品质和技巧，也一天天变得更加闪光。

虽然不曾结婚，朵拉在教育孩子方面却非常在行，她的教育方式也让幼仪有了新的领悟。那是一种不同于儒家传统教育的教育方式，让孩子生活在爱而不是溺爱中，成长在体验而不是灌输中，孩子自小就可以拥有自由和独立的思想、喜好，很多事情在游戏中就掌握了。幼仪会将徐家寄来的生活费分出一部分作为朵拉照看孩子的工钱，她知道这些钱并不足以表达她的心意，朵拉也明白这一点，虽然她不在意工钱，但也没有拒绝。

在德国柏林的那段时间里，幼仪难以想象，如果没有朵拉，她会生活成什么样。朵拉也曾经历过许多难熬的事情，如果不是她亲口说出，谁都难以想象得到，这样一位性情温柔、说话细声细语的女人曾被青梅竹马的恋人抛弃。她等了他许多年，和许多年轻天真的姑娘一样，一直等着心上人从外地学有所成归来，然后娶她。朵拉的故事结局也很老套，那个男人在外地有了新欢，娶了另一个女人，却没有告诉朵拉。当朵拉知道真相时，她已经错过了嫁人的年纪。

朵拉讲述自己的经历时，语调一直是平缓的，正如她平日里说话的样子。幼仪看着她，仿佛看到了自己，不同的是，她未曾嫁，未曾有子。但幼仪想，这样也不失为一件好事，这样的男人，若是真嫁了，为他生下子女，再遭到抛弃，生活一定不如现在这般自在。如今，朵拉有着独立的生活，她的心态仍然平和，这便是最好的结局了。

1922年，第二个孩子出生，1925年，幼仪回国。这三年的时间，幼仪学习过、工作过，换过许多的房子，也为了应付房东编过许多谎话。关于那些细节，她没有细说，更无人知晓，人们只知道，当张家人和徐家人再次在国内见到她时，她已经脱胎换骨。

第八章

坚忍·平和·生命荣光

病魔夺去幼小的生命

在德国的三年里，彼得一天天成长，幼仪也成长了许多。知道徐家惦记彼得的情况，所以她仍然会与徐家人通信，告诉他们孩子在这边生活得很好。徐家也会不时传来徐志摩的消息，包括他与林徽因一同陪伴泰戈尔访华，上了报纸头条的消息。

徐家人思念孙子，他们几次写信希望幼仪回到徐家，可是幼仪并不想回去。她几次向徐家表明，她与徐志摩已经离婚，不再是徐家的人，可是徐家人却一直认为，幼仪仍然是徐家的儿媳妇，毕竟她为徐家尽了儿媳的义务，还生下了两个男孩，在传统道德礼教上，她没有一点儿错，徐志摩没有理由不要她。他们甚至提出，让幼仪做他们的干女儿。

对于徐志摩和幼仪之间的事，徐家人并不知道，他们只想着儿子违背了他们的安排，这是不对的，只要他们愿意接受，幼仪仍然是他们合格的儿媳妇。或许他们还想着，幼仪应该也愿意回到徐家，他们这样表示了，幼仪便一定会回去。他们不知道，幼仪已经不是从前那个只能隐忍的懦弱女人，她已经有了自己的思想，有了自己的生活，她不会再回到徐家做一个傀儡了。

在朵拉的教导下，彼得能够拥有自己的想法，学会表达自己的喜好，也令幼仪感到欣慰。她希望自己的孩子是一个新式的孩子，这样他就能快乐地成长，不用在那些封建的规矩中挣扎。她庆幸自己坚持下来，留在了德国，也庆幸在这里拥有朵拉这样一位朋友。

朵拉为这个家庭付出的，远远超出了女佣应该付出的。当然，在幼仪心里，朵拉已经是她的家人一般。若是没有朵拉，她仅仅在租房这方面就会遇到太多的不顺利和阻碍。朵拉对家庭的维护令她们有了一个安稳的居住环境。如果房东排斥她和儿子，或者说出一些什么不利于她们的话，朵拉会立刻选择搬走，不再住下去。

在朵拉的精心照料下，彼得成长得很健康，他活泼好动、聪明好学，小家伙给由幼仪、朵拉和他组成的这个临时家庭带来了许多快乐。幼仪很喜欢看朵拉带着彼得一起玩耍的样子，他们看起来是在游戏，却又不仅仅是游戏。彼得学会了说话，能够和所有的德国小孩子一样，讲出清晰的德语。她看着他从最初指着看到的东西咿呀，到能够清晰地说出那些东西的名字，看着他从摇摇晃晃到奔跑，她知道，这些都是朵拉的功劳。

命运之神并没有眷顾彼得太久，在他一岁半的时候，医生发现他的小肠里有条寄生虫，这便能解释为什么他从周岁左右就开始经常腹泻、呼吸困难。医生推断，或许是在彼得喝过的不新鲜的牛奶中有寄生虫的卵，而当时虫卵太小，所以没能发现。只有将虫子除掉，彼得的身体才能好起来，可是虫子寄生的位置让医生感到束手无策，那是肠子和皮肤中间的位置，给彼得治疗的医生说，他没办法将虫子取出来。

医生建议幼仪去瑞士的一家著名诊所试一试，同时也委婉地向幼仪表示，不要抱太大的希望。听说那家诊所的医治水平和医疗设备都比较先进，费用也非常高昂。幼仪没有太多的钱，只得再次向徐家求助。毕竟彼得是他们的孙子，他们不会看着孙子生病无钱医治。可是徐家的回信却让幼仪失望了，他们说，他们也拿不出这笔钱。这封回信让幼仪感到一桶凉水由上而下将她浇了个透。她不想眼睁睁看着活泼可爱的儿子就这样被病痛折磨，徐家是她唯一的希望，而如今，这希望也破灭了。

每一位母亲对于孩子的爱都是无穷无尽的，自孩子出生，她们便会因孩子的喜而喜，因孩子的悲而悲，因孩子的痛而痛。孩子的每一次体验，她们都感同身受。对于彼得的病因，幼仪心存愧疚，她认为，或许是自己不曾用母乳喂养他，他才会有机会得上这样的病。若是她当时有足够的母乳，能够亲自喂养彼得，彼得应该也会像她一样，拥有一个健康的身体。如今，她除了多给他一些安慰和关怀，其他的什么都不能做，这让她更加难受。

幼仪无法想象自己的孩子要在病痛之中折磨到什么时候，彼得的身体越来越虚弱，呼吸越来越困难，困难到无法安稳地睡觉。痛苦的呼吸声一下下揪着幼仪的心，她看到彼得痛苦的样子，恨不得那痛苦发生在自己身上。若是发生在她身上，像她这样坚忍的性格和受惯了辛苦的身体，应该还是可以承受的。可彼得还只是个孩子而已，怎么可以承受得了这样多的痛苦。

病痛中的彼得渐渐失去了原本的活泼可爱，他的性情开始变得暴躁，会因忍受不了疼痛而尖叫。幼仪打开留声机，希望美好的音乐能够安抚彼得的情绪，可是这并不起效。寄生虫让彼得吃不下东西、喝不下水，他一天天消瘦，只有肚子一天天肿大，令幼仪不忍心看过去。看着彼得的样子，幼仪和朵拉都有种不祥的预感，可她们都不敢去想。她们只希望，能过一天便是一天，至少，在他还在的时候，对他好一点儿，更好一点儿。

一天晚上，幼仪被彼得突然发出的尖叫声惊醒，她匆忙冲到彼得身边，发现他一双小手紧紧地抓着肚皮，用德文对她说："妈咪，彼得痛。"幼仪的心中一阵慌乱，她急忙抱起彼得，将他送往医院。一直负责彼得病情的医生看到彼得的样子，无奈地叹了口气，但还是将他带进了抢救室。抢救过后，彼得平静了下来，病情却仍然没有好转。当医生告诉幼仪，即使送去瑞士也无济于事的时候，幼仪强忍着心中的悲痛，接受了这个事实。

1925年3月19日，一个平凡的日子里，上帝终于对这个饱受折磨的孩子施舍了他的垂怜，带他去了天堂。从此，他不会再痛苦，他会很幸福。在那里，没有病痛，像他这般可爱聪明的孩子，应该会有更好的生活吧！或许，他也会在幼仪睡着之后，悄悄地进入她的梦里，与她亲近，告诉她，他一切都好。只是，在人类的世界里，再没有这样一个孩子。人间仍然有许多叫彼得的孩子，却没有一个是幼仪的彼得。

最彻骨的痛不是悲伤流泪，而是痛到欲哭无泪。很长一段时间里，幼仪的心中都被沉重的伤痛占据。当长时间的预感突然间变为现实，那震惊让她痛到无法哭泣。她仿佛还能听到彼得用稚气的声音叫着"妈咪"，仿佛还能见到他在草地上玩耍的样子，仿佛还能看到他纯净的笑容，那曾是能够化解她心中所有苦闷的笑容。朵拉也同样悲痛，她不曾生育，彼得对于她而言就好像自己的孩子，她强打起精神，帮助幼仪料理彼得的后事，却只得在深夜里偷偷地哭泣。

　　人都说，最痛的离别莫过于白发人送黑发人，何况这黑发人只是一个不到三岁的孩子。再有一个月，他就满三周岁了。可是他没能等到他的三周岁生日礼物，没吃到三周岁的生日蛋糕，也没吹到三周岁的生日蜡烛。他等来的，只有他的葬礼。据说，有遗憾的人死后，灵魂会暂时在人间停留一段时间，彼得当时若是没有走，看见许多叔叔阿姨都去参加了他的葬礼，他是不是也会感到欣慰呢？那些人里，有些是母亲的同学，有些是舅舅的朋友，还有一位是他在公园玩耍时经常见到的阿姨。知道他们这样爱自己，彼得的心里也会很感谢大家吧！

　　一场葬礼几乎消耗掉了幼仪全部的力气，那一晚，她回到家中，不知怎么就睡着了。第二天，朵拉收拾行李与她告别，回了老家。

　　彼得是被火化的，学业完成前，幼仪将他的骨灰寄存在殡仪馆，直到学业结束后才取回，将它带回了中国。火化后的第七天，徐志摩赶到柏林，不知道他是从哪里听闻彼得的死讯，或是从哪里赶来。虽然他只在孩子刚出生后见过他一面，之后就失去了联系，可当他见到彼得的骨灰坛子时，他还是忍不住扑上去，紧紧抱着坛子哭个不停，他早已忘记，这是他曾经一再要求幼仪打掉的孩子。

彼得一生都没有见过父亲的样子，没有得到过父亲的宠爱，他却并不孤单，他有两位母亲，一位亲生母亲和一位胜似母亲的阿姨，相比于她们对他的关爱，徐志摩的那点儿感情实在微不足道。幼仪看着徐志摩抱坛痛哭的样子，她的心里，对他的那一点儿点类似怨恨的东西，竟然不知不觉消散了。

久别后的重逢

或许，联结人与人之间的纽带，只是一份感情。当局者迷，旁观者清。当那感情存在时，关系变得紧张，许多事也变得紧张；当那感情不在时，关系就变得平缓，许多事也就顺其自然。

许多人因爱而迷茫，在爱里迷失。失去自我，拾起遵从；失去自信，拾起自卑。当爱不在，眼前的迷雾被拨开，重见天日，天空是蓝的，阳光是暖的，呼吸、心跳都是自己的。不再为了别人跳动的心，跳起来总会比较有力。

彼得死后，徐志摩来了，这是幼仪与徐志摩离婚后第一次见面。他比以前更有精神，眼睛里闪烁着光。看得出，他过得很好，至少，最近过得很好。她知道徐志摩是一个诗人，他生活在一个近似于梦幻的世界里，在他的世界里，似乎很多东西都不应该存在，比如生活的艰辛，比如赚钱的辛苦，比如养育子女的劳累。他活在他的精神世界里，那里有诗词歌赋、有文学、有艺术，他汲取着那里的养料，于是神采奕奕。

徐志摩为彼得写了一篇散文，文中表达了许多他对彼得的惋惜和疼爱，对孩子的成长和生活却不曾提及一笔。他写道："彼得，我说我要借这机会稍稍爬梳我几年来的郁积；但那也不见得容易；要说的话仿佛就在口边，但你要它们的时候，它们又不在口边……谁知道那根长得多深！是恨，是怨，是忏悔，是怅惘？许是恨，许是怨；许是忏悔，许是怅惘。"可是他没有写出，他是否曾对自己当初的狠心和遗弃表示悔悟。他写道："你来人间真像是短期的作客，你知道的是慈母的爱，阳光的和暖与花草的美丽，你离开了妈的怀抱，你回到了天父的怀抱……你的小脚踝上不曾碰着过无情的荆棘，你穿来的白衣不曾沾着一斑的泥污。"可是他不知道，那孩子在人间遭受了多少的痛苦。他不曾见过，也根本不曾想过，他身为人父，却不曾为人父，无论对在幼年夭折的彼得，还是在老家成长的阿欢。

幼仪是现实的，三年来，她在生活中付出的努力远远超出了许多人的想象。幼稚园培训班的学习结束后，她又准备接受更高一级的培训；她的德语已经很熟练，再不是刚到德国那个连问路都问不明白的中国女人；她的谈吐举止已经有了自己的风范，再不是什么都不懂只知道唯唯诺诺的"土包子"；她知道如何去独立生活，甚至能够凭自己的能力生活得很好。她知道，生活中有许多不如意，她只能自己面对：孩子成长中遇到的困难，她要面对；学习中遇到的困难，她要面对；经济上的困难，她要面对；周围人不友善的猜忌的目光，她要面对；那么多烦琐的家务，她要面对；经济上的拮据，她要面对；生活中的孤寂，她也要面对。

在德国的三年，她经历过的，有快乐、有痛苦，有喜悦、有悲伤，有相聚、有分离，有满足、有无奈。逆境令人成长，这话确实有它的道理。若当初没有忍住艰辛，没有忍住寂寞，回国，回家，她便不会有如此的成长。如今的幼仪，虽然看上去憔悴，但她的眼神是清晰的；虽然身体瘦小虚弱，但她的内心是强大的。

徐志摩第一次见到这样的幼仪，他是在徐家人的催促下前来柏林的，徐家人担心幼仪会承受不住丧子之痛，消沉低迷，而徐志摩见到的，却是一个失去了儿子但仍然坚强的女人。这令他有些意外，或许这是他与幼仪相识多年，第一次真正将她当作一个实实在在的人来看待。

在给彼得的追悼文中，徐志摩也提到了幼仪："就是你妈，彼得，她也何尝有一天接近过快乐与幸福，但她在她同样不幸的境遇中证明她的智断，她的忍耐，尤其是她的勇敢与胆量……"看得出，重逢之后，徐志摩对幼仪是赞赏的，相信他这份赞赏并不是出于言辞的华丽，而是发自于他的内心。或许他并不深刻地理解幼仪，毕竟，他只是个活在精神世界中的诗人，他的心中只有他的理想世界，然而，那份欣赏却是真实的。

徐志摩邀请幼仪与他一起离开柏林，去意大利旅行。幼仪接受了他的邀请，于是，他们上路了。同行的还有徐志摩的两位英国朋友——泰勒姐妹。

这次意大利之旅和之前的旅行几乎没差别，幼仪与徐志摩之间除了身份和关系不同之外，没有其他的改变。虽然是徐志摩主动邀请，但每到一个地方，他都会一个人到处观光，并没有带上幼仪和泰勒姐妹一起。他还是那样我行我素，像个孩子一样。幼仪想，幸好，现在的她并不是以前那个一点儿外语都不懂的她了，她不会再傻傻地坐在房间里等他回来，她可以用法文和泰勒姐妹简单交流。

　　几个月后，幼仪终于知晓了徐志摩会来意大利的原因，原来又是因为女人。那个令徐志摩狂热甚至为之离婚的林徽因已经嫁作人妇，和丈夫过着平稳幸福的生活。如今这个让他每天焦虑的女人叫陆小曼，是一位警察厅厅长的夫人。幼仪不曾想过，徐志摩的浪漫竟然已经泛滥到如此不可收拾。最初他对一位知书达理思想先进的大家闺秀动心，还可以理解；如今他去追求一位有夫之妇，又是为何呢？

　　听闻陆小曼在国内是一朵交际花，年轻貌美，又生得一副好嗓子，静能吟诗作画，动能翩然舞袖，令许多男士一见倾心。她的丈夫毕业于普林斯顿大学和西点军校，是一名军官，虽然英俊，但缺少浪漫和温柔。陆小曼与徐志摩都是爱文学、爱浪漫的人，因缘巧合，他们相识、相知，并且很快相爱。陆小曼的丈夫得知此事后，扬言要杀了徐志摩，徐志摩这才匆忙逃了出来。

　　这场旅行于徐志摩而言是一场"感伤之旅"，对幼仪而言却是一场重生之旅。徐志摩虽然不得不离开心爱的人，并且时刻惦记国内的情况，盼望早一天收到自己可以平安回国的电报，他观光游玩的心情却并没有受到太大的影响，除了每天早上等待电报时的坐立不安，其他时间里，他照样玩他的。幼仪来到意大利，参观了一些著名的景观，对这个国度有了一些了解。这是一个到处弥漫着艺术氛围的国度，在这里的环境中，丧子之痛得以缓解，她的心渐渐得到了平复。不久之后，她告别了徐志摩，回到了柏林，带上彼得的骨灰，前往汉堡，因为下一阶段的学习就要开始了。

汉堡和柏林同样属于德国，可给幼仪的感受却大不一样，她想，或许是这里没有她认识的人的原因。在柏林，她的身边有可爱的彼得，有亲切的朵拉，如今，只有彼得的骨灰静静地陪伴着她。彼得的死对幼仪的打击不仅是生活上的，也有学业上的。最初学习幼稚园教育时，她曾想用西式的教育理念和方式教育彼得，将彼得培养成一个优秀的男孩子。如今，彼得不在了，她学的那些东西再也无法实践在他身上。这样郁闷的心情缠绕了幼仪很久，那段时间里，她对学习的热情降低了许多。

不知是因为徐志摩的事情让徐家人头疼，还是其他什么原因，徐家的支票也时常出现延迟，幼仪不得不在每次购买食物时预留出一些，以防万一。来自各方面的不顺利和压力挤压着幼仪的心，她有些累了，真的累了。

回归故土，恍如隔世

在陌生的土地上，幼仪真正开始了一个人的生活。裴斯塔洛齐学院高一级的学院距离她住的地方不算近，每天她都要乘渡船去学校，再乘渡船回来。听到渡船起航时，发动机发出的嗡鸣声和船下响起的水声，幼仪不由得想起自己第一次乘船的情景。那一次，她以为可以出国求学，却没有；现在，她真的可以去求学了，这艘船便可以将她送到知识的海岸。

忘记是谁说过这样一句话："我爱你时，你是我的世界；我不爱你时，你便不在我的世界。"离婚后，徐志摩与张幼仪的关系，仅仅是同一对孩子的母亲与父亲。在她的世界里，徐志摩只是个可有可无的人，即使他存在，对她而言也好似不存在。有时，事情就是这么不可思议。离婚前，徐志摩视张幼仪为无物，自顾自地做着所有他想做的事情，幼仪只能静静地守候；而离婚后，幼仪却可以视徐志摩为无物，因为他与她的生活、她的世界全然没有一点儿关系。

幼仪不会再思念徐志摩，不会再想他在哪里、和谁在一起、在做什么。当她听说徐志摩收到可以平安回国的电报后，便立刻动身返回中国，她的心里没有一丝波澜。他回去了，很好，他终于不用避风头了。

在与徐志摩的婚姻中，幼仪一直很被动，她的一切都受到徐志摩的牵制，几乎所有的事情都是她在请求徐志摩的允许；而婚姻关系结束后，徐志摩竟然会放下架子请求她。这样的转变是她从来不曾料到的。徐志摩回国之后，她和他之间便很少联系，婚离了这么久，彼得，那个唯一联系着他们之间的小天使也回到了天父的身边，他们之间似乎再没什么共同话题可以交谈。可是，她却收到了徐志摩的来信，信上说，请她务必回国，因为他要和陆小曼结婚了。徐家二老也写来类似的信件，希望幼仪能够回国一趟，他们与徐志摩写信的原因相同，目的却不同。

在许多人的帮助下，陆小曼终于与她的丈夫离了婚，可是陆小曼的母亲却不同意她立刻嫁给徐志摩。陆家的老爷是政府官员，陆小曼的第一段婚姻是由父母安排的，她的父母对这门婚事非常满意，结婚时也操办得很风光，女儿即使离婚又要再婚，也一定要风光体面，不能丢陆家的面子。

徐志摩结过婚的事情陆家是知道的，虽然徐志摩一再表明，他与张幼仪早在几年前就协商离婚了，陆家却一直不太相信。在陆家人心中，自家的女儿如此优秀，即使是二婚，也绝不可以嫁给别人做小。为了证明自己确实已经与幼仪没有婚姻关系，徐志摩不得已向幼仪求助，请她回国向陆家说明，她早已不是徐家的媳妇了。

徐家的二老想的却是另一种可能。徐志摩提出离婚后，他们始终没能接受幼仪与徐志摩离婚这个事实，仍固执地将幼仪当作自家儿媳，也正是因为如此，他们才会一直支付幼仪在国外的生活费。

毕竟，嫁入他们徐家，就是徐家的人，是儿子不对，不能让媳妇受委屈。对于陆小曼，徐家并不想接受，却又无法阻拦，他们希望幼仪回国可以阻止这场婚事，只要幼仪说一句不同意，他们就可以理直气壮地不让陆小曼进徐家的门。

幼仪本以为独立后，徐家的事情便与她无关，没想到，就在徐志摩准备再婚时，自己又被牵扯其中。徐家人亲自请她回国，不仅是为了徐家，也是给了她一个面子。考虑再三，幼仪还是决定回去，免得徐家二老难做。幼仪在哥伦比亚大学的八弟听说姐姐要回国，于是赶来陪姐姐同行。

飞驶的火车映出幼仪不一样的脸庞，五年的时间让她的脸上有了成熟的痕迹，她的眼神中透着坚定和果断，不再有犹豫茫然。沿途不断变化着的风景让她意识到自己离家越来越近，这么多年没有回去，家里会是什么样的情况，她完全想象不出来。她听说父母已经把家搬到了上海，不知道他们现在住的房子是什么样子，留在家里的孩子越来越少，他们是不是也会寂寞。

火车穿过西伯利亚大陆，进入中国境内，窗外的空气一下子变得亲切而陌生。火车不断停下，起程，再停下，幼仪的心也随着火车行进的节奏起伏着，火车越靠近上海，她的心情就越激动。当火车最终停在上海站时，她稳了稳情绪，缓缓地走下火车。

双脚刚一站在上海的站台上，她便感到一种强烈的震撼，她看到苍老的父母老泪纵横地站在站台上，盼着她的回来。母亲的身体在颤抖，缠过的小脚快要支撑不住她的身体，可她还是坚持来到火车站接幼仪回家。幼仪与母亲紧紧地抱在一起，母亲的眼泪止不住地流着，流过幼仪的肩头，流在幼仪的心里。她轻轻地抱住母亲，一边安抚着她，一边努力让自己不要哭出来。她不曾将自己的真实情况告诉过母亲，怕她担心，只说与徐志摩因为求学的意向不合，分两地而居，可是母亲又何尝不会从她的话语和兄弟姐妹们的转达中猜出一二。感受到母亲的心痛，幼仪的心也不由得跟着痛了起来。

离家多年，很多事情都变了，回家的路上，幼仪见到许多穿着尖头皮鞋的先生和身着洋装留着鬈发的小姐。他们看起来和她在国外见到的那些华人很像，只是不知他们的思想是否也和那些生活在国外的华人一样开放；遇到事情时，是否也会如那些华人一样，用西方的办法处理。父亲似乎也变了，虽然从外表上看，他还是个守旧的传统老人，但是与他交谈后，幼仪便发现，父亲似乎已经不那么排斥西方的思维方式了。曾经担心的情况没有出现，父亲没有恶言相向、没有暴怒、没有斥责，他只是平静地与幼仪闲聊着家常，询问幼仪在欧洲如何生活。但幼仪知道，父亲是在用这样的方式了解她在国外的状况，他只是不愿将这份关心表现得太露骨。

家中是温暖的，幼仪想要多停留些日子，却也没忘记自己回国的主要目的。为了徐志摩的事，徐家的老爷和老太太在徐志摩的陪同下来到了上海，住在一家旅馆的套房里。幼仪与父母团聚后，便去见了徐家人。徐家的两位老人和徐志摩都坐在套房的起居间里等着她，她向两位老人鞠躬行礼后，向徐志摩点头示意。

听到幼仪亲口承认与自己已经离婚，徐志摩的心里轻松了很多。他长长舒了口气，听起来却像是呻吟一般。而徐申如也终于相信并接受了这个事实，于是他问幼仪："那你反不反对他同陆小曼结婚？"

徐申如还是没有想明白，如果他真的想明白了，就会清楚幼仪的意见对徐志摩的再婚没有丝毫影响，于徐家和徐志摩而言，幼仪已经是个外人，他这一步棋，早在开盘的时候就输了。

当幼仪平静地说出"不反对"三个字时，徐申如脸上露出失望的表情，徐志摩却高兴得尖叫起来。他开心得手舞足蹈，一不小心将手上戴的那枚巨大的玉戒指甩出了窗外。顿时，徐志摩的脸色变了，他飞快地奔出套房，奔到旅馆楼下，拼了命地寻找那枚戒指。

幼仪在刚进屋里便留意到了徐志摩手上那枚玉戒指，原来那是陆小曼送给徐志摩的订婚戒指。那戒指从成色上看，非常昂贵，看得出陆小曼对徐志摩也确实很用心。结婚前丢失订婚戒指，无论在什么时候都是个不祥的预兆，徐志摩发疯似的找遍了楼下的每一个角落，可是戒指仿佛凭空消失了一般，无论是整个的戒指还是戒指的碎片都没有看到。

少了订婚戒指，婚礼还是正常举行，就定在几个月后。幼仪没有当面看见他们二人如何行礼、如何甜蜜，虽然徐志摩给她下了请柬，可她并不想去。去了又有什么意思呢？看着自己的前夫用与迎娶自己完全不一样的方式迎娶另一个女子，有什么意思呢？很多年前，在离婚的时候，幼仪便祝徐志摩娶到一个好女人当他的太太，如今他总算娶了，虽然不是之前那个，至少是他心中的好女人，一切也应该结束了。

徐家人是否会对她失望，幼仪不在意；徐志摩是否感激她，幼仪也不在意。她的心里，开始勾勒一幅只属于她自己的画卷，一幅与过去的自己、与徐家徐志摩都无关的画卷。

呢喃的经声

一朝一夕之间，时间飞快流转，谁也不曾料到，多年之前的丑小鸭变成了优雅的天鹅；谁也不曾想过，平凡无奇的毛虫会有破茧成蝶之后的翩然。这世上少有不变的事物，岁月改变了许多人的容貌，也改变了许多人的灵魂。不变的，或许只有某种埋藏在内心最深处的真实，无论是否会显现，都永远存在，一如徐志摩一直以来对自由的向往和追求，那种洒脱不羁的性格，过了多年，以至于他离世的那一刻，从未改变。

不知徐志摩的那份天性是否也遗传给了他的儿子阿欢，至少在相貌上，阿欢继承了徐志摩太多的特点。幼仪再次见到阿欢时，发现八岁的阿欢和幼时一般长得讨人喜欢，清秀的眉眼，如雪的皮肤，纤细的骨架，怎么看都仿若一个小了十几岁的徐志摩。

错过了阿欢的成长，是幼仪一生中少有的遗憾之一，特别是当她与阿欢分别五年后重逢时，她越发自责没能亲自照顾这个孩子。徐家人对阿欢的宠爱明显过了头，八岁的阿欢，自理能力却还不如一个四五岁的孩子。他不会自己穿衣服，每天都要伸手等着家中的用人为他穿衣穿鞋，饮食方面也非常挑剔，平时糖不离手，而且总是要吃美味的软食。起初幼仪不明白阿欢为什么总是要吃软食，直到一天，她发现阿欢的口中有许多龋齿，这才明白原因。

阿欢的情况令幼仪非常担心，徐家确实给了阿欢最好的生活环境，给了他物质上的满足，却没有给他恰当的教育。在国外多年，幼仪见过太多国外的孩子，他们从小就开始学习自己穿衣吃饭，学习自理，学习独立，她的彼得也是如此成长起来的，若不是因为感染了寄生虫，他一定能够长成一个健康、阳光、快乐的男孩子。而阿欢已经八岁，却还要依靠用人生活，如果继续让他在徐家生活下去，幼仪不敢想象他的未来会变成什么样。

另一件令幼仪担心的事是阿欢的学习。幼仪不反对传统教育，听到儿子能够熟练背诵许多诗词，言行举止彬彬有礼，她也很欣喜，但她不想让自己的孩子的生活中只有那些传统的旧的东西，她也希望他可以学到许多新的知识，这样他的眼界才会开阔，才会懂得更多他应该懂得的事情，接受更多他需要接受的事情。她决定带着他离开徐家，由她亲自对阿欢进行教育。

徐家听闻幼仪要将孩子带走，自然是不情愿的。阿欢是徐家的独孙，他们看着他一天天长大，感情已经很深，若是让阿欢离开他们，他们的余生便不知道要寄托在何处了。幼仪也深知这一点，她感激徐家在她出国的五年里对阿欢的照顾，但是为了阿欢的将来，她是非要将他带走不可的。

幼仪向徐家人解释了她的理由，她本以为彼得的夭折会令徐家人对她产生怀疑，担心她没有能力独自一人抚养孩子，却不想徐家人竟然同意了她的做法。或许一向传统固执的徐家人也渐渐意识到，大城市里的教育水平要高出硖石许多，对于小孩子有更多的好处吧！幼仪走时，徐家将三分之一的财产分给了她和阿欢，这也令她十分感激。

幼仪带着阿欢到北京，开始按照自己的理念教育阿欢。她让阿欢自己穿衣，阿欢最初不肯，每次穿衣都要很长的时间，还经常扣错扣子，但他毕竟不是一个没有自理能力的小孩子，不出多久，他就可以自己熟练地穿衣，也渐渐喜欢上新的生活。幼仪感到很欣慰，越发确定自己的决定没有错，也越发感激徐家人对她的信任。

徐家人的确是将幼仪视为半个女儿，虽然他们不得不接受幼仪不再是徐家媳妇的事实，却还是习惯把她当成徐家的人，也许因为徐志摩不在的时间里，陪伴在他们身边的一直是幼仪吧。徐家二老年纪越来越大，越来越需要有人依靠的时候，可徐志摩的心思全在陆小曼身上，这让他们越来越思念幼仪——曾经属于徐家的合格的媳妇。

在北京生活一段时间后，幼仪收到了徐家二老的电报，电报中说，他们现住在天津的一家旅馆里，希望幼仪能够带一个用人过去见他们一面。幼仪凭着直觉感到徐家二老遇到了些麻烦，急忙赶到天津探望他们。果然，他们的脸上写满了烦恼，一见到幼仪，便如同终于见到了依靠的孩子般，向幼仪诉起苦来。

徐家二老的烦恼来自陆小曼。对他们而言，陆小曼是个太过于新式的女子，他们实在无法接受她的那些习惯和处事方式。在那个年代，只有新婚的新娘才可以坐红色的四人抬的大花轿，陆小曼是二婚，已经没了坐大花轿的资格，可是她却不依不饶，非要坐不可，并当面向徐家二老提出了要求。这令徐家二老感到非常没有面子。

在徐家二老心中，新娘在婆家应该中规中矩，不得傲慢骄纵，而陆小曼所作所为却无一不触犯了这些规矩。吃饭的时候，陆小曼吃得很少，然后让徐志摩吃她剩下的饭，这让徐家人感到气愤。陆小曼那种追求西方浪漫的态度也让老太太难以接受。她吃完饭后会让徐志摩抱她上楼，而这种她认为很浪漫的事在老太太眼中却是懒女人的象征。老太太感到很气愤，这个女人又没有缠过脚，凭什么不可以自己上楼，而是要自己的儿子抱她上楼？要将这样一个女人抱上那么长的楼梯，儿子不知道要多辛苦，这个女人为什么就不能多心疼她的儿子一些呢？

幼仪安静地听着老太太的抱怨，一句话都没有说，她想，徐家二老这次来天津，或许并不仅仅是为了抱怨这么简单。果然，到了晚上，二老提出要去幼仪那里住，理由是她是他们的儿媳妇。

徐家二老在幼仪那里住了很长一段时间，直到新年之后才离开，而离开的原因，是幼仪的母亲病重，幼仪必须前往上海。听闻母亲病重，幼仪心急如焚，她简单收拾了行李便动身了。赶回家时，母亲虚弱地躺在床上，奄奄一息。幼仪看着床上的母亲，再没有当年那般令人羡慕的优雅，母亲的眼神有些涣散，却还是在见到幼仪时释放出了一丝光。回家后，幼仪大多数时间都守在母亲身边，偶尔离开休息一会儿，很快又回到母亲床前。

几天后母亲还是去世了。幼仪早不再是那个只会听人命令的小姑娘，她一人承担了整个丧事的过程，为母亲准备了进入冥府的见面礼。那是一包包有一些金银珠宝的布包，据说看守冥府的龙最喜欢吃这些东西，如果人死后口中没有含着这样的布包，龙便不会让他进入冥府。

幼仪为母亲准备了七彩寿衣，寿衣一共七层，每一层都是不同的颜色。母亲一生都是精致的人，即使离开人世，也要精致地离开。幼仪站在母亲的遗体旁边，看着用人为母亲净身，然后用一层层寿衣将她重新覆盖起来。最后，她让用人在母亲礼服下摆的四角和两只鞋上各缝一颗珍珠，她默默地想，希望母亲能够在这些珍珠的指引下找到进入来世的路。

树欲静而风不止，子欲养而亲不待。想到自己长年在外，不曾知晓母亲在家中的情况，不曾在母亲病重的日子里陪伴左右、喂水喂药，幼仪的心中更加难过。生前不得以回报，只能在死后表达自己的心意。幼仪请来几个和尚为母亲诵经，据说这样可以使死人的灵魂获得安宁。诵经的声音在张家绕梁百日方才停止，见过母亲最后一面，幼仪命人将母亲安葬了。

幼仪从未曾猜测过父母之间是否有感情存在，虽然他们还未见面就被订亲，但在几十年的生活中，他们的感情早已积累越来越深。父亲的严厉，母亲的慈爱，让幼仪拥有了相对美好的童年。母亲走后，幼仪能够从父亲的脸上清晰地看到落寞的神情，也能够听到他暗地里的叹息声。

母亲离世百日后，父亲也随母亲而去了。两位老人先后离世让张家失去了最宝贵的财富，张家的孩子们虽然大部分已成家立业，却仍然会因此感到心痛和孤单。无论成长到什么年纪，有父母在的地方就是家，有父母在的日子就不孤单，而父母离去，孤儿的感觉就会缠绕在内心，久久不散。

　　送走了母亲，又送走了父亲，幼仪的心一下子空了太多。她感到有什么东西越飘越远，一去不复返了。

第九章

幸福·尾音·收获宁静

云想衣裳花想容

　　送走了家中的两位老人，幼仪突然不想走了，她说不清那究竟是怎样一种感觉。她想回到上海，可是上海的生活费比北京高昂得多，她若是回来生活，即使有徐家每月支付的生活费，怕是也撑不了多久。最后，她决定带着未出阁的四妹和刚毕业的八弟去上海附近的乡下生活，由她负担他们二人的生活。

　　父母之前在上海的房子是四哥租下的，他那时是中国银行的总经理，整个张家的生活都由他负责。四哥是个非常有责任心的人，他一直将照顾张家视为自己的责任和义务，父母的丧礼后，因为开销太大，不得不将父母的房子退租，将弟弟妹妹托付给幼仪。幼仪理解四哥的难处，所以她才会主动提出带弟弟妹妹去乡下，可是四哥的心里却时时感到愧疚，他甚至在某天夜里见到了母亲的灵魂，责怪他没有照顾好弟弟妹妹。

人死后究竟有没有灵魂？有些人信誓旦旦地说有，有些人义正词严地说没有。或许，只有那些相信的人、眷恋的人，才能够感受得到灵魂的存在吧。最后，四哥决定将其位于外国租界里的房子让给幼仪居住，并为她联系了在银行的工作，他说，只有这样他才能安心。而幼仪住进四哥的房子的第一个深夜，似乎也感受到了母亲的气息，她轻轻地对着空气中摇曳的枝条诉说，告诉母亲她和弟弟妹妹过得都很好，然后，她便感到母亲离开了，真的离开了。

与上海女子商业储蓄银行的人见面时，幼仪正在东吴大学教德语。虽然在国外主修的是儿童教育，但是几年的海外生活让她早已将德语运用自如，教学对她而言完全不成问题。站在讲台上，看着台下一张张渴望知识的脸，也许这些孩子的心里也在做着留洋求学的美梦，也许他们一毕业就会被家人送到国外，不管怎样，他们都比自己幸运多了。幼仪想。

上海女子商业储蓄银行建立于 1910 年，所有的创始人都是女性，面向的客户群体也是女性，包括商店里年轻的女营业员、家庭主妇、经常参加社交场合的已婚妇女等。这些人群存入的东西也各不相同，有一部分薪水，有丈夫给的家用，还有丈夫之外的男人送的珍宝等。

银行的人清楚地向幼仪说明，她们看中了她的人际关系，所以想请她担任副总裁，帮助她们挽回银行的损失，之前的经营者将钱都借给了亲友和告贷人，凭她们的能力无法将外债要回，而幼仪身为中国银行总经理的亲妹妹，自然要比她们更容易说上话。幼仪接受了她们的邀请，表示她会尽自己努力将借款要回来。就这样，幼仪坐进了位于市中心的上海女子商业储蓄银行的办公室。

在担任上海女子商业储蓄银行副总裁的同时，幼仪还担任着云裳服装公司总经理的职位，负责查看订单，之后与设计师沟通，安排缝制的进度。

"云裳"，多么美丽的名字。那满天的云朵轻盈洁白，若是用它们制成衣服，定是仙气飘飘，将女子本身的柔美衬托得更加清新。优美的名字为它营造了一个不错的品牌效应，店内服装的品质更让它闻名当时。那是一家既出售成衣也接受服装定做的服装店，位于静安寺路，经营中西风格兼顾的服装。顾客可以直接购买店内的服装，也可以请店里的师傅对看中的服装进行加工，制成最符合她们品位的独一无二的衣服。当时的"云裳"几乎成了服装界私人定制的代名词，在那里购买过服装的顾客都对那里的衣服和设计赞不绝口。

见过一张影印版的云裳服装公司的宣传广告，上面写着"中国首创妇女服装公司"，"创造新装，最有经验，最有研究"。广告中央是用简笔画绘成的时尚女人的形象，烫过的头发，窈窕的身姿，纤细的高跟鞋，画上的女人穿着量身定制的衣服，抬起双臂，轻轻地转身，好像正在欣赏镜子里的自己，又好像要展翅飞翔的鸟儿。

关于"云裳"的创办，最初是幼仪和八弟的主意，这个名字是八弟想出来的。云想衣裳花想容，"云裳"的名字就是由此而来。服装公司的规模不大，有些精品店的意思，每一位走进这里的女子都会被店内的服装吸引，忍不住购下一件两件。

办这家服装公司的起因缘于张家曾请过的一名裁缝。那位裁缝名叫阿梅，她生得一双巧手，又懂得量体裁衣，每次都能为张家缝制出最贴合人物身份个性及身材的衣服。幼仪的母亲去世后，张家人请了阿梅来家中做素服，又一次见识到了阿梅精巧的手艺。

女子爱美，西方的风俗进入中国之后，越来越多的女子开始注重服装和装饰，然而，那些华丽的洋装往往不能符合所有女子的身材，穿在身上不合身，便无法将那份美丽展现得淋漓尽致。幼仪和八弟都产生了为中国女性特制服装的想法，而幼仪只是一名女子，无论在社会地位还是人际关系上都略显单薄，为了能够吸引一些股东，她决定不做老板，只做总经理。

动员的事情是由八弟出面的，他对这个念头很是兴奋，于是开始动员他的朋友们。八弟的朋友中有徐志摩，徐志摩听了这个消息后，似乎比八弟还要兴奋。或许是不曾从商，或许是他本人对这些时尚新鲜的东西特别喜欢，他不但自己立刻入股，还号召朋友们入股。只是，对于他这样的人而言，经营并非他的兴趣所在，所以他出了钱后，便没怎么打理这里了，反而是幼仪时常去管理公司的生意。所以刘英士才会认为："云裳公司自始至终可以说是张二小姐一人的事业；其他一群朋友只是借此机会来表现一番（如江小鹣），或帮忙助兴（如张三小姐和老七老八），或出风头（如若干交际花）。"

充实的生活令人心情愉悦，也令人精力充沛。幼仪的生活简单而充实，那服装店虽然是八弟与徐志摩等好友一同创办的，经营却一直由她负责。在这一过程中，她感到自己的热情一点点被激起，有一小团火焰在心中缓缓地燃烧，生活不再是单调的奔走，她拥有事业，拥有挑战，拥有一个完全不同于过去的自己，她感到很幸福。

这种幸福，是身为人妇时，整日闭塞在一个大院中时无法体会得到的。

失去是另一种拥有

人们常说，失去也是一种拥有，虽然大多数人在说这句话时并不真心承认，或不知道自己拥有了什么。然而，还是有越来越多的人不停用这样的话劝慰自己，似乎只要这样说了就会拥有了。

为了家庭失去了学业，却又失去了家庭、失去了丈夫、失去了第二个孩子，人们听说了张幼仪的前半生，都会为她感到悲哀，一个原本可以早些年就有所成就的女子，若不曾嫁给徐志摩该有多好！若不生在那样一个传统的家庭中该有多好！若不曾浪费那么多的青春该有多好！可是，她最终却不是一无所有。失去那么多之后，她拥有了自己，拥有了未来。

她同样仍然拥有着徐家人的关怀，以及她并不太想要的徐家人的依赖。

徐志摩的新家与幼仪相隔不远，徐志摩面对全新的幼仪，不再排斥和厌恶，而是将她当成了一个普通朋友。他会去幼仪的云裳服装公司定做衣服和领带，他甚至就阿欢应该如何称呼陆小曼而征求过幼仪的意见。徐家二老也搬到了上海，与儿子住在一起，虽然他们不喜欢这个儿媳妇。他们最开心的时候就是幼仪带着孩子去看望他们的时候，他们会给孙子买许多好吃的和玩具，还会吩咐家中的用人给阿欢单独准备好吃的。

事隔多年，徐家二老还是习惯将幼仪当作徐家的儿媳妇，他们一遇到不开心的事，特别是与陆小曼有关的事，总会向幼仪抱怨。一次，老太太拨通幼仪的电话，一开口就说她再也无法与陆小曼生活在一起。从她的讲述中，幼仪了解到陆小曼交了一个男朋友，并且将男朋友带到了徐志摩家里。刚听到老太太这么说时，幼仪确实有点儿吃惊。

之前应胡适之邀一起吃饭的时候，幼仪见过一次陆小曼，的确是个美人。她也亲眼见到陆小曼与徐志摩二人是如何亲密，如何用恩爱的声音和称呼呼唤彼此。她没想到，陆小曼竟然会交其他男朋友，更无法理解她怎么可以把男朋友带到自己的家中。老太太继续抱怨着，于是幼仪得知了更多关于陆小曼与她那位姓翁的男朋友之间的事。比如，陆小曼因为公婆吃掉了她特意为翁先生准备的食物而生气，不许家里人碰那些人参，因为是为翁先生留的，整天和翁先生躲在房间里吸鸦片，等等。

幼仪并不想去干涉徐家的事情，何况是徐志摩本人都不在意陆小曼与翁先生之间的事情，她又有什么理由去过问呢？然而，老太太因为这些事情要搬到她那里与她同住，她却不得不表明态度。想起上次二老搬到她那里居住时，徐志摩埋怨她让陆小曼没面子，幼仪这一次多考虑了一些，她对老太太说，他们必须先回老家住一段日子，才能搬到她那里。老太太领悟了幼仪的用意，便按照幼仪的意思，先回到老家，之后向徐志摩表示他们想和孙子一起住，然后顺理成章地搬进了幼仪家。

家中多了两位老人，日子过得便不同了许多。对于幼仪而言，他们只是阿欢的爷爷奶奶，而不是前夫的父亲母亲，她照顾他们，也只是出于一种义务，一种对儿子长辈的义务。几年后，幼仪赚到了足够的钱，在自家后面的空地上为二老单独建了房子，无论从哪方面考虑，她与他们，毕竟还是分开住的好。

或许是不适应上海的生活，或许是因为与儿子一家相处得不顺利，徐家二老还是会不时回乡下生活一段时间。1930年，徐家老太太在硖石病重，几乎快要不行，徐申如急忙给徐志摩和张幼仪打电话，通知他们速回硖石。幼仪接到电话，第一念头便是快些赶回去。可转念一想，她已经不是徐家的媳妇，若是她前去，要如何面对陆小曼和徐志摩？又要以一个怎样的身份出现在徐家呢？

幼仪不是个狠心冷漠的女人，可是，她却不得不表明自己的立场。徐家给她打了几次电话，第一次她拒绝了，第二次她也拒绝了……最后一次，她不得不同意，因为徐志摩在电话那头无助地说他实在没办法料理老太太的后事，并且答应幼仪允许她等到丧礼结束之后就离开。

幼仪不会傻到要一个身份和地位，她只是不想让自己太过卑微，好像她还在徐家那样。她不希望前去安顿好一切后悄然离开，像做了什么见不得人的事一样；也不希望如徐家的用人一般，只有他们需要的时候她才在，只要他们需要的时候她就在。她不再是徐家人，这是不争的事实，徐家有名正言顺的儿媳妇，她的名字叫陆小曼。她这样做并不是对陆小曼有什么意见，相反，她正是考虑到陆小曼可能有的不满，不想让自己尴尬，不想让陆小曼对她有意见。她不再是那个没有主见事事服从的笨女人，或者说，她从来就不笨，只是为了一些人和事，放弃了自己的聪明。

最后，幼仪以徐家干女儿的身份为老太太送终，做了法事，并出现在丧礼现场，重复着当初为母亲做的那一切。悲伤自然是有的，只是没有了那种撕心裂肺的痛楚。老太太对她不错，她一直都记得幼仪的生日，也会帮她庆生，但幼仪也知道，老太太对她的那些好，永远不会和母亲一样，有一部分也是因为依赖。儿子不管他们，儿媳更与他们不和，她还有谁可以依靠呢？人一老就会越来越像个孩子，面对这个老小孩儿，幼仪没有办法完全将她置之不理，她能做的，只有尽可能去关心她、照顾她，那是她的责任。

幼仪教阿欢向老太太行礼，阿欢按照幼仪教的，走向棺材深鞠了三个躬，又深鞠三个躬后离开了棺材，站在一旁，恭敬地看着躺在棺材中的老太太。

陆小曼直到丧礼当天才出现，一到硖石，她便躲在房间里，仪式快要开始时，她才依照习俗穿了素衣，走出来向老太太行礼。没人知道她心里在想什么，幼仪替她做了所有正室应该做的事情，她没有生气，也没有吵闹，难得的安静。不知道她是不介意，还是意识到自己没有理由去介意，何况，无论幼仪做了多少，徐家现任的儿媳妇，徐志摩的妻子只有她一人。

丧礼结束后，幼仪没有多停留，带着阿欢离开了。失去的，既然已经失去了，留恋就没了意义。回到上海，她继续着她的生活，与徐家无半点儿关系的生活，对于幼仪而言，她要的不是过去，只是现在和将来。

最后的诀别

相逢，就注定了将来的离别；离别，是为了再一次相逢。当命运中这样的轮回和循环被打破，当离别成为永别，曾有的爱和恨，都会随着那人的离开烟消云散，曾有的喜和悲，也都会随着生命的结束不再回来。

有些事，发生得总是那么突然，让人措手不及。昨天还面带笑容谈笑风生的人，昨天还牵手同行你侬我侬的人，转眼就变成一具冰冷的躯体，一张黑白的照片，那心情要用什么言语才能说明？当张幼仪和陆小曼得知徐志摩出了意外之后，她们谁会更加伤心？谁知？

意外真的太让人难以应对了。当收到关于徐志摩飞机失事的电报时，幼仪一时间缓不过神来。那是徐志摩离开第二天凌晨一两点，她清楚地记得他前一天下午还去了她的店里，想要做几件衬衫，并兴高采烈地向八弟讲述着他马上要赚到一笔数目不小的佣金。她记得当她劝他不要坐飞机时，他那毫不在意的大笑和表情，她没办法接受，仅仅几个小时之后，那样一个活生生的人就成了一具尸体。

飞机在济南上空失事了，机上只有徐志摩和两名飞机师，三人无一生还。幼仪呆坐在那里，直到听到前来送电报的人问她要怎么办，她才回过神来。为幼仪送来电报的是中国银行的人，他说，电报原本应该送到陆小曼那里，可是陆小曼听说之后，说什么也不肯相信，她不相信徐志摩已经死了，也不肯接收他的遗体，他们实在没有办法，只好来找幼仪商量。幼仪将来人请进客厅，思考起来。

徐志摩曾将他与陆小曼的爱情视为一种天作之合，他认为他们的爱情可以穿越所有阻碍，可以忽略太多物质的东西，是灵魂上的碰撞让他们在一起。他喜欢与陆小曼在一起谈论那些如梦如幻的东西，喜欢那种感觉，可是当他离开人世时，陆小曼却就能这样将他晾在一边，连他的遗体都不肯接受，这令幼仪感到非常不可思议。或许，陆小曼是一时之间被吓坏了；或许，她只当这是一场噩梦；或许，长时间吸食鸦片早已将曾经那个美丽聪慧的女子变得颓废，对鸦片的依赖也令她的性格变得越发不可理喻。

徐志摩生前，陆小曼便从未在生活中为他考虑过丝毫，时常向徐志摩要钱买鸦片，为了方便她购买鸦片，她一直不肯和徐志摩去北京生活，徐志摩只得一遍遍往返于北京和上海之间。徐志摩死后，她竟然不理会他是否能够安葬。在幼仪看来，陆小曼对徐志摩的感情不过如此，她不再相信之前所听到的那些关于他们夫妻感情的事情了。

不去理会陆小曼如何，当前最重要的是如何处理徐志摩的遗体，不能让他就那样在济南一天天等待着腐坏。可是，谁才是最适合处理这件事的人？他的妻子不肯伸手，连承认都不肯，他的儿子尚且年幼，还没有处理事情的能力。幼仪想到住在后院的徐申如，老人年事已高，若是让他知道唯一的儿子出了意外，他如何能够承受得起呢？她在早年经历过丧子之痛，自然更能明白丧子这件事对于身为父母的人会造成多大的冲击，何况是白发人送黑发人。而她，只是阿欢的母亲，不是徐志摩的妻子，没有理由出现在这件事之中。考虑再三，幼仪决定让八弟带着阿欢前去，八弟与徐志摩感情很好，让他去处理这件事，他一定不会拒绝。

当幼仪将徐志摩飞机失事的事情告诉八弟，她听见了八弟的啜泣声。张家几个兄弟都与徐志摩关系很好，不管他与幼仪之间发生了什么，他们都将他视为自家人。八弟答应带阿欢去接收徐志摩的遗体，第二天一早便起程了。而当他们走后，幼仪开始考虑要如何将这个消息告诉徐申如，最后她打算将消息分为几次，一点儿一点儿透露给徐申如。

幼仪在早饭时间接告诉徐申如，徐志摩受了重伤，在医院抢救。徐申如听后十分担心，他不是没有想到最坏的可能，但还是抱有一丝希望，毕竟抢救就代表有希望，如果没有希望，医院一定已经放弃了。第二天，徐申如向幼仪打听徐志摩的情况，幼仪表示不知道，徐申如的心情越发沉重了。到了第三天，幼仪终于告诉徐申如，徐志摩去了，老人的心中五味杂陈，努力地克制着自己的情绪，这使他的表情看起来很奇怪。最后，他深深地叹了口气说："好吧，那就算了吧。"说这话的时候，他的头是扭过去的，幼仪不知道他是否落泪，但是从他的语气中，她听得出他的悲伤。

徐志摩的遗体被寻到时，已经面目全非了。当时，那个地区常常发生战役，中国银行的人只得在当地为他举办了丧礼，又等了半年，才将他的遗体运回硖石。八弟带着阿欢参加了丧礼，然后便将他送回到了上海。听说林徽因的丈夫梁思成也参加了徐志摩在济南的丧礼，这对他或许也是一种安慰吧！毕竟他是在赶去林徽因的演讲会途中发生的意外，若是她对他的死一点儿也不在意，他一定要伤心极了的。相比之下，陆小曼仍然没有一点儿表示，这实在太说不过去了。

徐志摩回到了上海，他躺在黑色的棺材中，没有一点儿表情。有些浮肿的脸和身体让人完全认不出棺材中躺着的是当初那个翩翩公子。幼仪对着他鞠了躬，这是他们最后一次见面。鞠躬后，幼仪被一位朋友拉到一边，请她出面制止陆小曼为徐志摩更换棺材和衣服。

"你只要告诉陆小曼，我说不行就好了。"说完这句，幼仪匆匆忙忙离开了丧礼现场。幼仪不想见陆小曼，一点儿也不想，如果说一开始，幼仪对她那些过于新式的行为还有些理解，此时，陆小曼那些算得上是矫情的做派则令幼仪无法接受。她实在无法理解陆小曼为什么要让在折磨中死去的徐志摩再经历一次折腾。

最后一次见面就这样结束了。听说，最后陆小曼没能给徐志摩更换棺材和衣服，幼仪想，这样也好，至少他可以安心地去了。

幼仪自然地负担起徐申如的生活，虽然已经接受了许多新的思想，她却未曾丢掉传统。她甚至在徐申如过世后，按徐家的标准给陆小曼寄生活费，因为她将这件事视为阿欢的责任，而阿欢还是个孩子，这事情自然要由她来做。她就是这样，接受新事物，又不离传统，总是妥当地处理着一切，难怪老太太在病重时一见到她就会露出欣喜和安心的神情。

重拾一段幸福

幸福脚步匆匆，总是不肯停留，它来的时候总能给人惊喜，它走的时候总会令人哭泣。世上没有永恒的幸福，一段幸福开始了就会有结束，只是这结束的时间，有时快如白驹过隙，有时慢似凝固的时光。一段幸福的结束并不意味着生活就此灰暗一片，它也意味着不久的将来，另一段幸福会开始，只是那将来到底有多远，谁也不知道。

与徐家缘分终止的那一天，幼仪开始了另一种生活。阿欢、张家人和她的事业一度占满了她的生活。幼仪的前半生充满了坎坷，当时她一定不曾想过，她的后半生会有那么多的幸福。事业上的成功，学识上的积累，能够看到孩子成家立业、子孙满堂。1937 年，她凭自己的影响力拯救了女子银行；1939 年，她为阿欢选了一个不错的女子，二人结婚后移民美国，过着幸福的生活，同时也默默支持着她的未来；1949 年，她离开上海，前往香港，在香港遇到了她生命中另一个重要的男人，他的出现让她的生活又重新变得五彩斑斓、温暖幸福。

　　那个男人姓苏，是位医生，他住在幼仪在香港的家的楼下。二人在幼仪的朋友介绍下相识。苏医生也曾外出求学，但他去的国家是日本。相比于欧洲的文化，日本的文化既有传统，也有先进，这对他或多或少有些影响，使他成为了一个内外双修的人。他既有翩翩君子的风度，也有开阔先进的思想。不知是因为性格上的相似，还是因为彼此都离过婚所以有着经历上的相似，二人在几次交谈后，就不知不觉住进了彼此的心里。与苏医生在一起，幼仪感到很自然、很踏实，她不需要担心他是否会介意她的过去，也不需要担心他会不会伤害自己。当他向她求婚时，她心里虽然充满了对未来的幸福感，但也有一些担心。

　　幼仪的担心来自于她的兄弟们。之前那段不愉快的婚姻令幼仪的兄弟们心有余悸。听到这个消息，他们不由得担心幼仪再次受到伤害，所以当幼仪征求他们的意见时，他们有些犹豫。她的二哥先是表示同意，没过几天便又反悔说不同意。她的四哥则回信说需要考虑，之后便没了音讯。幼仪理解哥哥们的想法，可她实在不想再拖下去，遇到合适的人不是件容易的事情，她不想就这样错过机会。

　　幼仪给远在美国的阿欢写了信，问他自己是否可以再婚，并在信中开玩笑似的向他解释，按照"三从四德"中"夫死从子"一条，她再婚的婚事理应由儿子来做主。阿欢知道母亲这么多年来一人将他带大的不易，他受到的教育也让他对再婚这种事情看得很平淡，于是他给母亲回信，在信中说："母孀居守节，逾三十年，生我抚我，鞠我育我，劬劳之恩，昊天罔极。今幸粗有树立，且能自赡。诸孙长成，全出母训。……综母生平，殊少欢愉。母职已尽，母心宜慰，谁慰母氏？谁伴母氏？母如得人，儿请父事。"

四哥还在犹豫中，二哥的信却到了。幼仪的二哥从小就教育幼仪要重视自己内心的感受，虽然当时在国内女子再婚有碍名节，但是徐志摩与幼仪离婚已有三十年之久，而且他也已过世。犹豫再三之后，他还是将决定权交给了妹妹："兄不才，三十年来，对妹孀居守节，课子青灯，未克稍竭绵薄。今老矣……此名教事，兄安敢妄赞一词？妹慧人，希自决。"

在二哥的鼓舞和儿子的支持下，幼仪与苏医生结婚了。苏医生也是个离过婚的人，他和幼仪都非常珍惜这段得之不易的婚姻，彼此也非常理解和尊重。幼仪感觉这样的生活已经很好，至于是不是有相爱的感觉，对她真的不再那么重要。她爱过徐志摩，可是爱了又如何？徐志摩曾爱过林徽因，爱过陆小曼，可是爱了又如何？还是在赶去听林徽因演讲的途中丧生。他也爱过陆小曼，结果却是整日为了给她赚到钱四处奔走。所以她只希望能够帮助苏医生做些什么，然后和他一起平静安稳地度过余生。

苏医生家有三女一男，都与他住在一起。幼仪与苏医生结婚后，便也与他的孩子们一起生活，成为他们的继母。都说继母难当，童话中的继母总是凶险可恶的形象就足以证明。但幼仪却不是这样。苏医生家的孩子们非常欢迎她。她一入苏家便成功解决了苏医生与子女们之间的那一点点隔阂，这令苏家的孩子们和这位继母更加亲密无间。以前苏医生每次喝酒后都会发脾气而不自知，幼仪劝过他后，他立刻戒了酒，于是孩子们也与他更加亲近了。

能干的幼仪也成了苏医生的贤内助，每当他熬夜攻读那些医学资料时，她都在一旁陪伴着他，为他倒水或准备夜宵，苏医生每天需要接待的病人也是由她登记并向他汇报的。休假的时候，她和他一起去了欧洲，重新走了那些曾有她生活痕迹的地方。

幸福的时光过得飞快，最后终止于苏医生的去世。1972 年初，他被诊断出肠癌，开始接受各种各样的治疗。而同年 6 月再去检查的时候，医生说他只剩下半年的时间了。

宛如晴天霹雳的消息突如其来地把原本幸福而平静的生活打得粉碎，幼仪就这样又一次失去了属于自己的生活。半年，多么短暂。眼泪在眼眶里打了转又默默地收了回去，生活还要继续。她以自己一贯的坚强又一次支撑起了这个家，直到他安然离开。

苏医生去世后，幼仪去了美国，和大部分美国老人一样，她没有与儿子一家住在一起，而是住在了与他们较近的地方。她的生活方式很有规律、很健康，不时参加一些为老年人准备的课程。有时，她也会去打打麻将，但输赢一直控制在二百美元左右。

1988 年，张幼仪逝世于美国，享年八十八岁。她的晚年很幸福，在她生命中最后的一段日子里，她的子孙们一直陪伴在她身边，直到她闭上眼睛。当她的家人在红砖教堂为她举行葬礼时，几乎所有与她相识的人都出席了。

在上百人的哀悼中，幼仪的灵魂踏上了去天堂的路。是的，她一定会去天堂，那里等待着她的，有她的家人，有她的爱人，还有爱她的人。

后　记

什么样的人生算得上完美？是一生平稳安定、波澜不惊、顺风顺水，或是风雨兼程、跌宕起伏、惊涛骇浪？平稳的人生有它的安然，起伏的人生有它的精彩，或许，交替而至的人生才是最完美的，不会因缺失任何一样而遗憾。

　　张幼仪的一生包含了太多不同的经历，经历了太多不同的感受，感受了太多不同的事态。最后，她无憾了，幼年、童年、青年时期有过的那些遗憾，都在中年、老年时期一点点得到了弥补。

　　传统的教育和观念造就了她与徐志摩的婚姻，与徐志摩的那段婚姻造就了她的不幸，在她生命中最美好的那段时光里，在一个女子最美好的那段年华里，她没有体验过任何幸福，有的只有无尽的付出和牺牲，得到的却只有无尽的孤单和悲痛。多么可惜，多么令人心痛。她的才能、天赋、力量，都被家庭的琐事紧紧压进了深深的心底，她的情感得不到释放，心灵得不到抚慰，她却不曾抱怨，不曾流露出伤情，任劳任怨地做着徐家的儿媳妇。直到那天，徐志摩一纸离婚协议，让她彻底痛了，也彻底解脱了。

徐志摩最后的残忍，相比于他之前所做的，反而成了一种解救。终于，幼仪可以摆脱牵绊、摆脱束缚、摆脱陈旧，过真正适合自己的生活。她的光，那些被传统礼教、被旧式观念压制的光，一丝丝一缕缕从她的体内释放出来，如同一块裂缝的原石中，释放出的属于珍贵宝石的华彩。

独自生活的艰辛让她越来越坚强，只身闯荡的经历让她越来越成熟。新的知识，新的环境，让她身体每一个细胞都充满了兴奋。她的思想，她的内心，像一块干涸了太久又突然掉入清水中的海绵，努力地不停地吸吮着周围的液体，然后渐渐变得充实。

国外的学习和生活唤醒了张幼仪那个一直藏在内心深处的自己，将那个被徐志摩称为"土包子"的女子变成了一位干练精明的女强人。回国后，心的强大使她散发出强大的气场，令周围的人感到了震慑。她从容大方，她处事得体，她为人亲切，她思路清晰，她镇定地处理着许多令其他女子感到担忧无措的问题，她谨慎细致地将事业和生活打理得井井有条。

谁会想到，经历了那么多的折磨之后，一个女人还能有如此的大度，还能如此恭敬地对待前夫的父母，如此平静地对待前夫的遗孀，可她确实那样做了，她的心里自始至终不曾迁怒于他们。至于那个伤害她至深的前夫，她仍会在老年时承认，自己曾经爱过他。中年的她终于遇到了一个真正懂她、适合她的男人，她与他一同度过了一段平静的时光，于她而言，那正是她一直希望的生活，不要浪漫，却很真实、很踏实。

在八十八岁高龄与世长辞后，张幼仪留给我们的，是她历经世事变迁却始终不变的坚忍灵魂。每一位女子在读过她的经历后，都会明白什么才是真正的气度。